DIEU

FAMILLE, PATRIE, LIBERTÉ

PAR

C. BOUILLOUD

LYON

LIBRAIRIE ET IMPRIMERIE VITTE ET PERRUSSEL

3, PLACE BELLECOUR, ET RUE CONDÉ, 30

—

1889

DIEU

FAMILLE, PATRIE, LIBERTÉ

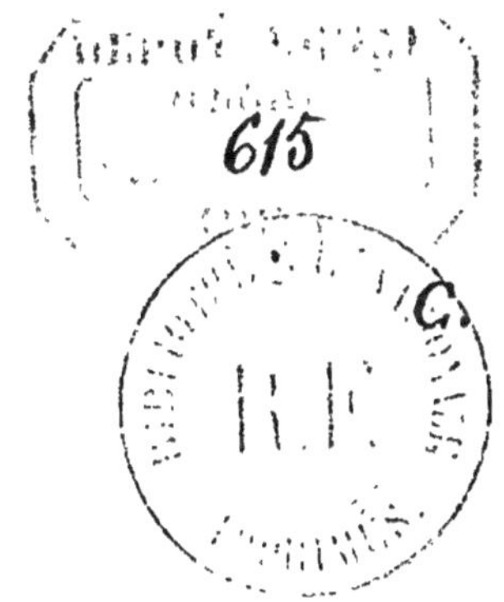

PAR

C. BOUILLOUD

LYON

LIBRAIRIE ET IMPRIMERIE VITTE ET PERRUSSEL

3, PLACE BELLECOUR, ET RUE CONDÉ, 30

1889

PRÉFACE

Dieu, Famille, Patrie, Liberté; tel est le titre que nous donnons au livre qui contient notre vie intime, et qui résume notre pensée, nos aspirations et les principes sur lesquels nous basons la grandeur, la prospérité et la stabilité des Etats. Tout homme impartial et de bonne foi qui lira le nécrologe des peuples qui ont dominé le monde confirmera nos assertions.

PROJET
D'ASSOCIATION FRATERNELLE
ET DE
CAISSE DE PRÉVOYANCE MUTUELLE

Que celui qui a deux vêtements en donne un à celui qui n'en a point ; et que celui qui a de quoi manger fasse de même.

Evangile de saint Luc, chap. 3.

Unissez-vous les uns aux autres pour vous soutenir mutuellement, comme Jésus-Christ vous a unis avec lui pour la gloire de Dieu.

Epître de saint Paul aux Romains, chap. 15.

Nous venons, en empruntant les paroles du Précurseur du Christ et de son grand Apôtre, convier nos concitoyens et nos frères à la charité et à la mutualité qui en dérive.

Par notre éducation première, par les études consciencieuses auxquelles nous nous sommes livré ; par nos observations méthodiques et continues, par l'inspiration d'une âme convaincue, nous avons été amené à faire reposer sur la divinité du Christ, sur ses préceptes et sa morale le système social auquel nous rattachons toutes nos institutions et le bonheur des hommes.

Signaler les tendances de notre temps, contribuer à paralyser celles qui sont mauvaises et pourvoir aux nécessités matérielles de nos semblables par la création d'une association fraternelle et d'une caisse de prévoyance mutuelle dans toutes les communes de France, tel est le but de ce mémoire.

Depuis plus de vingt ans nous avons consacré nos veilles et nos heures de loisir à la recherche de la solution des problèmes sociaux qui se dressent devant nous d'une façon si formidable.

Ami sincère, passionné même, du progrès, de la liberté, de l'égalité devant la loi et du droit sagement réglementé de tous les citoyens à prendre part à la gestion de la chose publique, *haïssant la tyrannie*, mais *détestant l'anarchie*, étranger à tous les partis, et, pour cette cause, isolé de tous, nous nous sommes demandé :

L'humanité est-elle perfectible ?

La liberté est-elle compatible avec l'ordre ?

L'égalité peut-elle se concilier avec la fortune et le talent, cette aristocratie qui mène à la fortune ?

La stabilité de l'Etat est-elle possible avec le suffrage universel ?

Pour résoudre ces questions avec la maturité et l'esprit d'indépendance qu'il convient, nous nous sommes retiré dans le for intérieur de notre conscience ; nous avons appelé à notre aide notre expérience acquise par les faits qui se sont accomplis sous nos yeux et de notre temps. Nous avons lu, étudié, compulsé les livres et les écrits des savants, des philosophes, des historiens et des publicistes de tous les temps, de tous les pays, principalement de ceux qui se sont occupés ou qui ont traité les questions à l'ordre du jour. Nous avons examiné, comparé leurs systèmes, leurs doctrines, leurs opinions. Nous les avons trouvés presque toujours en opposition entre eux, souvent en contradiction avec eux-mêmes, se déjugeant et ne justifiant que trop l'axiome latin : *tot capita, tot sensus*. Autant de têtes autant de sentiments. Bien des fois nous avons essayé de coordonner ces systèmes opposés, de rassembler ces éléments divers, de fondre ces matières hétérogènes dans un code unique qui, basé lui-même sur l'unité des vues, l'unité des croyances et l'unité des institutions, deviendrait le guide de la fraternité de tous les peuples.

Vain espoir ! Tentatives inutiles ! Triste, découragé, nous ne savions comment sortir de ce dédale inextricable, nous allions nous renfermer dans notre individualisme, bien décidé à voir passer d'un œil indifférent les événements qui s'accomplissent et ceux qui se préparent pour l'avenir, lorsque nous avons entendu une voix intérieure qui nous criait :

« Homme vain et insensé, pourquoi te consumes-
« tu à rechercher le bonheur des hommes dans les

« doctrines fausses, erronées et orgueilleuses de ces « Titans modernes ? Crois-moi, sors de cette nouvelle « Babel. Ne sais-tu pas que les destinées de l'huma- « nité sont écrites en caractères indélébiles dans « l'évangile du Christ ? Le coursier s'éloigne-t-il de « l'eau pure et limpide du ruisseau pour aller s'abreu- « ver dans l'eau boueuse et infecte du marais ? Le bœuf « quitte-t-il le gras pâturage de la vallée pour aller « brouter sur la cime rocailleuse et dénudée de la « montagne ? Serais-tu moins intelligent que le che- « val ou plus stupide que le bœuf ?

« Lis, étudie, médite ce livre divin. Ecoute la voix « de Celui qui te dit : Je suis la voie, la vérité et la vie. « Personne ne peut aller à mon Père que par moi. « Inspire-toi de cette charité douce, patiente et bien- « faisante dont parle le grand Apôtre, et avec ce levier « que t'eût envié Archimède, tu soulèveras le monde « des intelligences. »

A ces paroles, un trait lumineux traversa notre esprit, notre synthèse était trouvée. Nous rentrions dans notre sujet pour n'en plus sortir.

Sommaire de notre travail.

Nous définirons l'homme, nous le classerons en homme moral et en homme matérialiste. Nous indiquerons ses aspirations, ses besoins ; nous signalerons brièvement les écrits antireligieux et antichrétiens qui lui sont jetés en pâture, nous réservant de les discuter et de les combattre en temps et lieu.

Nous demandant quels sont les moyens de former l'homme moral et de le préserver de ces doctrines décevantes et pernicieuses, nous répondrons : par l'éducation et l'instruction. Par qui lui seront-elles données ? par l'Etat et le père de famille. Mais si nous établissons que cette éducation et cette instruction sont insuffisantes, par qui seront-elles complétées ? Par l'association fraternelle des membres de la société. L'homme est exposé, dans sa personne et dans ses biens, aux maladies, aux intempéries des saisons, aux chômages forcés, aux disettes, aux incendies. Comment, dans son isolement, pourra-t-il parer à ces tristes éventualités ? Nous dirons : par la caisse de prévoyance mutuelle.

Nous démontrerons les résultats féconds de l'association fraternelle et de la caisse de prévoyance mutuelle.

Nous dirons comment elles peuvent et doivent s'établir.

Nous donnerons sommairement les statuts de cette institution, telle que nous voudrions la voir embrasser dans ses réseaux toutes les communes de l'empire français.

Nous donnerons enfin des explications soit pour faciliter la mise en pratique de notre théorie sur notre association fraternelle et caisse de prévoyance mutuelle, soit pour répondre à l'avance aux objections qui pourraient y être faites.

Définition de l'homme.

L'homme a été défini un animal raisonnable. Nous acceptons cette définition pour exacte et comme donnant à l'homme une dualité. L'homme brute et l'homme raison, l'homme ayant les besoins et les instincts de la brute, et l'homme ayant les lumières et les attributs de la raison. L'un ne s'occupant que de la satisfaction de ses besoins brutaux, de ses jouissances sensuelles, et n'appliquant son intelligence qu'à les étendre et à leur donner un degré de raffinement inconnu aux animaux, pour ce motif, nous devrions l'appeler l'homme bestial ; mais, par égard pour la dignité humaine, nous l'appellerons simplement l'homme matérialiste. L'autre, appliquant sa raison à réprimer et à modérer ses passions et ses appétits brutaux, nous l'appellerons l'homme moral.

Aspirations et besoins de l'homme.

Nous avons vu que l'homme aspirait au progrès, à la liberté, à l'égalité, et au droit de prendre part à la gestion des affaires publiques par le suffrage universel.

Et d'abord l'humanité est-elle en progrès ?

L'agent intelligent et le moteur actif du progrès c'est l'homme. C'est par lui et pour lui que s'accomplit le progrès. Quand on veut édifier une maison ou un palais qui réunisse la solidité à l'élégance, on fait choix d'un architecte habile et capable pour en diriger les travaux. Or, on doit se demander si l'homme, tel que l'a fait la société, réunit l'aptitude et la science nécessaires pour remplir la haute mission de propagateur et d'initiateur du progrès.

Par son travail mieux dirigé, par son industrie mieux calculée, par ses inventions plus ingénieuses, l'homme est mieux nourri, mieux vêtu, mieux logé, son bien-être matériel est amélioré, la somme de ses jouissances intellectuelles est augmentée. De ce côté, il y a progrès marqué, évident; aveugle qui le nierait; mais, d'autre part, ses besoins matériels et ses appétits brutaux se sont augmentés en raison des moyens de les satisfaire, et s'il ne s'est pas appliqué à les régler, à les modérer, l'équilibre est rompu, il perd en vitalité ce que le progrès matériel lui a fait acquérir. Mais comment se produit la modération et l'amortissement des passions ?

Par la morale qui est enseignée à l'homme par la raison, et qui lui a été révélée en ces termes par Dieu dans l'ancienne et la nouvelle loi :

« Aime le Seigneur ton Dieu de tout ton cœur, de « toute ton âme, de tout ton esprit et de toutes tes « forces ; aime ton prochain comme toi-même, res- « pecte-le dans sa personne, dans celle de sa femme, « dans sa liberté et dans toutes choses lui apparte- « nant ; honore ton père et ta mère ; n'abuse pas de « la créature, sois sobre dans le boire et dans le man- « ger, ne mens pas, ne dérobe pas, ne tue pas, ne « jure pas, ne porte pas de faux témoignage. »

Par la religion qui est le trait d'union entre l'homme et Dieu, entre le Créateur et la créature, le sceau et la consécration de la morale.

Or, si nous établissons, ce qui n'a que trop malheureusement lieu, que la pratique de la religion diminue, que la foi en Dieu — cause primordiale de la morale — va en s'affaiblissant, la morale n'a plus de base. Si la morale tombe, disparaît, fait défaut, les passions se déchaînent, reprennent leur empire, les instincts brutaux n'ont plus de barrière ; l'homme, au contraire, applique toutes ses facultés à les augmenter et à les satisfaire. Il devient ce que défend la morale : impie, égoïste, voleur, adultère, assassin, menteur, intempérant et parjure. Le progrès n'est plus complet ; l'homme, par manque de morale, détruit le progrès matériel. La balance n'existe plus.

Nous allons voir que tout s'enchaîne, et que tout notre édifice social s'écroule faute de l'appui moral.

Nous voulons la liberté illimitée de penser, d'écrire nos pensées et de les débiter en public ; mais, si cette liberté n'est pas limitée par le sens moral, que devient-elle ? Anarchie dans les idées, anarchie dans la rue, guerre civile. Vous pouvez impunément dire et écrire que Dieu n'existe pas, attaquer la morale, proclamer vice ce qui est vertu, et *vice versa*. Il vous est ainsi permis d'attaquer la société dans sa base. Vous n'êtes plus dans le progrès. L'homme moral est détruit ; l'homme matériel seul existe, mais il ne peut subsister seul. Il porte en lui le germe de la mort, il périt.

Nous avons soif de l'égalité absolue, mais ce besoin est encore une cause de décomposition de votre société, parce que l'homme moral vous fait défaut. Vouloir l'égalité entière, parfaite, est absurde. L'homme veut l'égalité par besoin de domination, il ne veut pas élever son inférieur à lui ; mais c'est l'inférieur qui veut arriver à l'égal de son supérieur. Or, nous aurons toujours, quoi que nous puissions faire, des hommes qui nous seront supérieurs par la fortune acquise, par le travail ou la voie héréditaire, et encore par le talent, qui est une autre aristocratie qui vient de la nature, et qui, lui aussi, mène à la fortune et à la domination par l'intelligence. Si vous voulez passer le niveau sur ces inégalités, c'est un assassinat juridique que vous aurez à faire, tous les matins, de votre société. Car, à ces dominateurs de la société d'aujourd'hui, que vous éliminerez, d'autres succéderont demain. Si nous n'avons pas le sens moral, la haine, l'envie, la jalousie s'empareront de ceux que l'infériorité de science, de savoir et de fortune tient au bas de l'échelle sociale. C'est encore la guerre civile et, à sa suite, l'inévitable despotisme.

Nous avons le suffrage universel, c'est le gouvernement du peuple par le peuple. Chaque citoyen exerce sa part de souveraineté. Il l'exerce par la voie de ses représentants. Ces représentants, il les nomme et les choisit parmi les plus capables et les plus méritants, nous devons le supposer. Ce sont les plus dignes qui dirigent les affaires. C'est le plus beau gouvernement sans doute. Nous ne sommes plus sous le bon plaisir et le caprice d'un seul homme, souvent sans capacité, inepte même ou méchant, livré aux intrigues des femmes, des courtisans ou des ambitieux. Nous supposons toujours que l'élection a été faite par l'homme moral ; qu'il a délégué sa part de souveraineté à des hommes moraux ; le gouvernement sera moral ; la chose publique sera gérée par l'homme moral. Tout ira au mieux et au meilleur des mondes possibles.

Mais s'il arrive, au contraire, que l'électeur matérialiste l'a emporté, son choix se sera porté sur l'homme matérialiste, celui qui aura capté son suffrage par des promesses fallacieuses, et qui aura flatté ses instincts brutaux. Le gouvernement sera forcément matérialiste, et, suivant ce que nous avons dit, un gouvernement purement matérialiste ne peut pas subsister longtemps. Qu'arrivera-t-il ? Le gouvernement exécutif suivra l'impulsion du souverain. Il sera matérialiste ; il portera en lui un principe de mort. Il succombera. Voudra-t-il résister au souverain par un coup de vigueur, par un coup d'Etat, comme on dit ? La tentative est périlleuse. S'il réussit, le gouvernement pourra se soutenir encore quelque temps. Mais tout gouvernement qui s'appuie sur la force seule ne peut être de longue durée. Si, au contraire, il échoue dans sa tentative, le gouvernement bestial, matérialiste, l'emportera ; l'homme moral sera opprimé ; l'anarchie se mettra parmi le peuple souverain ; la guerre civile s'ensuivra ; le peuple paisible se lassera ; il appellera à lui quelque soldat ou tribun heureux. Nous retomberons dans l'absolutisme. Que devient votre progrès ? L'humanité a fait un pas en arrière ; nous avons tourné dans un cercle vicieux. Tout est à recommencer.

Nous vous le dirons avec une profonde et intime conviction, ô hommes qui voulez franchement, sincèrement le progrès, vous qui voulez la liberté, l'égalité sociale, vous qui désirez le bonheur, le bien-être de vos semblables, si vous n'êtes pas des hypocrites politiques, des coureurs de places, des ambitieux, des intrigants qui, en flattant les passions du peuple, voulez arriver du bas de l'échelle sociale au sommet, faites, par vos écrits, et encore plus, par vos exemples, que l'homme devienne moral, que l'homme moral l'emporte et gouverne la société : hors de là point de progrès vrai et durable, règne indéfini du despotisme.

La religion est le plus ferme soutien de la morale. Pratiquons donc la religion. Stigmatisez, flétrissez les hypocrites qui se servent du manteau de la religion pour arriver à leurs fins criminelles et coupables ; dénoncez-les à vos concitoyens, à la vindicte publique. Nous applaudirons à vos généreux efforts. Mais si nous abhorrons, si nous attaquons l'abus, respectons la chose. Prenons garde que les masses ignorantes et les gens malintentionnés ne prennent le change et ne déversent leur mépris à la fois sur ce qui est saint et sur ce qui est odieux.

Nous savons, on nous dit qu'il y en a qui nient ouvertement la divinité du Christ sur laquelle nous fondons notre système social. A ceux-là nous dirons, pour le moment, ces quelques mots :

En niant la divinité du Christ, vous vous inscrivez en faux contre ces paroles que Dieu a dites à Abraham :

« *Tous les peuples seront bénis en vous.* » (Genèse.)

Vous vous inscrivez en faux contre ces paroles que Dieu a dites au même :

« *Toutes les nations de la terre seront bénies dans* « *celui qui sortira de vous.* » (Genèse.)

Vous vous inscrivez en faux contre ces paroles de Dieu qui a dit à Isaac :

« *Toutes les nations de la terre seront bénies dans* « *celui qui sortira de vous.* » (Genèse.)

Vous vous inscrivez en faux contre les paroles du patriarche Jacob, lorsque, en bénissant ses enfants, il leur adressait ces paroles :

« *Le sceptre ne sera point ôté de Juda ni le prince* « *de sa postérité, jusqu'à ce que celui qui doit être en-* « *voyé soit venu, et c'est lui qui sera l'attente des na-* « *tions.* » (Genèse.)

Vous vous inscrivez en faux contre ces paroles de Jacob :

« *Seigneur, j'attends le salut que vous devez en-* « *voyer.* » (Genèse.)

Vous vous inscrivez en faux contre ces paroles de Dieu à Moïse :

« *Je suis le Seigneur qui ai apparu à Abraham, à* « *Isaac, à Jacob comme le Dieu tout-puissant, mais*

« *je ne me suis pas fait connaître à eux sous le nom* « *qui marque que je suis celui qui est.* » (Exode.)

Vous vous inscrivez en faux contre ces paroles du prophète Isaïe :

« *Toutes les régions de la terre verront le Sauveur* « *que notre Dieu doit envoyer ; il paraîtra aussi sans* « *gloire devant les hommes et dans une forme mépri-* « *sable aux yeux des enfants des hommes. Les rois se* « *tiendront devant lui dans le silence, parce que ceux* « *auxquels il avait été annoncé le verront, et ceux qui* « *n'avaient point entendu parler de lui le contemple-* « *ront.* »

Vous vous inscrivez en faux contre ces paroles du prophète Michée :

« *Et toi, Bethléem, appelée Ephrata, tu es petite* « *entre les villes de Juda, mais c'est de toi que sortira* « *celui qui doit régner en Israël, dont la génération* « *est dès le commencement, dès l'éternité.* »

Vous vous inscrivez en faux contre ces paroles du prophète Aggée :

« *J'ébranlerai tous les peuples, et le désiré de toutes* « *les nations viendra.* »

Vous vous inscrivez en faux contre les paroles du prophète Daniel et de tous les autres prophètes qui ont annoncé d'une manière précise l'époque de l'arrivée du Christ, qui ont prédit sa naissance, sa mort, toutes les circonstances qui devaient la précéder, l'accompagner et la suivre, et qui ont, en outre, prédit la ruine de Jérusalem.

Vous vous inscrivez en faux contre tout un peuple errant et dispersé par toute la terre, qui n'a conservé et sauvé de la ruine et de la destruction de son temple, de ses villes et de sa nationalité, que le livre qui contenait l'arrêt de cette destruction et l'annonce du divin Rédempteur qui nous a été envoyé.

Vous vous inscrivez en faux contre les apôtres et les disciples du Christ qui ont conversé avec lui, bu et mangé avec lui, rendu témoignage des miracles qu'il a opérés, de sa mort, de sa résurrection, de son ascension au ciel, qui ont attesté tous ces faits, accomplis sous leurs yeux, dans les souffrances, dans les privations de toute sorte, dans les fers, au péril de leur vie, un grand nombre jusqu'à la mort.

Vous vous inscrivez en faux contre ces martyrs de

tous les rangs et de toutes les conditions, qui tous ont renié les faux Dieux corrupteurs et corrompus, implantés de la sage Grèce dans la puissante Rome pour confesser la divinité du Christ, et, pour cela, ont renoncé aux biens, aux honneurs de toute sorte, ont enduré les supplices les plus cruels, et sont morts souvent de la mort la plus ignominieuse.

Vous vous inscrivez en faux contre les écrits de tous ces Pères de l'Eglise et de ces docteurs éminents par leur science et leurs vertus, qui tous, en suivant les chaînes aux anneaux indissolubles de la tradition orale et de la tradition écrite, depuis les apôtres jusqu'à nos jours, sont venus rendre témoignage de la divinité du Christ.

Vous vous inscrivez en faux contre ces hommes dévoués qui, suivant les mêmes traditions des apôtres, sont allés, et vont encore tous les jours, à travers tous les dangers et toutes les privations, et souvent aux dépens de leur vie, porter le flambeau de l'Evangile et de la civilisation chez les peuples sauvages de toutes les parties du monde.

Vous vous inscrivez en faux contre ces saints bienfaiteurs de l'humanité qui, au nom du Christ, ont recueilli et réchauffé tous ces enfants abandonnés, qui ont soigné, consolé, soulagé toutes ces maladies, ces misères, fruits et suites d'une civilisation trop souvent infidèle à la haute mission qu'elle veut se donner.

En proclamant la déchéance du Christ comme Dieu vous pouvez être de brillants esprits, mais vous êtes à coup sûr de mauvais cœurs. D'un trait de plume vous tarissez la source des plus grandes vertus, des plus nobles courages, des plus sublimes dévouements. Vous mettez en doute la plus grande manifestation de l'existence de Dieu qui ait été donnée à l'homme. Vous ouvrez la porte à l'athéisme.

En admettant pour vraie votre nouvelle doctrine, tous ces patriarches, tous ces prophètes, ces apôtres, ces martyrs, ces Pères de l'Eglise chrétienne, ces docteurs, ces savants, ces missionnaires, ces bienfaiteurs de l'humanité, ces généreuses femmes de charité qui ont consacré leur vie et la consacrent encore tous les jours au soulagement de toutes les misères et de toutes les infirmités humaines, toutes ces âmes d'élite, tous ces hommes auxquels le Christ réserve des récompenses ineffables, ne sont que des êtres imbéciles et fanatiques ou les complices hypocrites et menteurs d'un fourbe et d'un imposteur se faisant passer pour Dieu.

Et nous autres aussi, pères de famille, mères de famille, époux et épouses qui professons la religion du Christ, qui avons foi au Christ, nous sommes les continuateurs de ces imbéciles ou hypocrites. Dans nos maisons, dans les écoles publiques et privées, dans les collèges, dans les lycées dirigés par l'Etat, subventionnés par l'Etat, nous élevons lâchement, hypocritement nos enfants dans une croyance que nous devons regarder comme fausse et qu'eux-mêmes arrivés à l'âge mûr ils devront regarder comme fausse.

Citons un rapprochement frappant d'actualité :

« Mon fils, nous disait il y a quelques jours un de « nos amis, mon fils, hier, à un lycée, était nommé, « était acclamé comme ayant le premier prix d'ins- « truction religieuse. Comme père, comme chrétien, « je m'applaudissais de cette marque de distinction. « Mon fils promet de marcher sur les traces de cet « idéal d'homme moral, vertueux, bienfaisant, que « je me dévoue corps et âme à former sur la terre. « Eh bien, cette joie, ce bonheur, si je me laissais aller « aux entraînements, aux aberrations de l'époque, se- « raient notablement diminués. Je songe à l'avenir « de mon fils. Lauréat d'hier, ce titre ne lui sera d'au- « cune utilité pour se poser dans le monde. Tout au « contraire : aujourd'hui, je vois tout près des hom- « mes qui ont des places, des emplois, qui sont accla- « més eux aussi dans des assemblées de savants, qui « sont patronnés, soutenus par des journaux qui ga- « gnent de l'argent avec leur imprimeur en s'eiscri- « mant à prouver que Jésus-Christ n'est pas Dieu et « qui viennent dire tout juste que mon fils, qui a « eu un premier prix pour pratiquer cette croyance « avec le plus de ferveur et le plus de zèle, n'est qu'un « grand imbécile. »

Nous devons avoir de l'affection pour une femme douce, bienfaisante, la consolation des malheureux, la providence des pauvres, mais fanatique qui pratique ou suit les exercices d'un culte rendu à un homme se disant faussement Dieu.

Nous élevons des temples à un homme ; nous réparons des temples pour un homme ; nous subventionnons des prêtres pour exercer un culte mensonger.

Si dans vingt ans (c'est le laps de temps que nous vous accordons, au train dont vous menez les choses, pour arriver à l'apogée de votre puissance), si dans vingt ans, disons-nous, vous et ceux qui partagent vos doctrines arrivez au pouvoir, nous nous évertuons pour savoir ce que vous ferez de ces temples, de ces cathédrales, de ces basiliques, de ces chapelles que nos pères, et après eux leurs enfants, ont élevés avec tant de peines et de labeurs. Les convertirez-vous en pagodes ou en mosquées ? En ferez-vous des casernes, des écuries pour vos haras, des greniers à foin ou à paille, des marchés couverts pour la vente des œufs, du beurre, des volailles, des carottes ou autres légumes ? Les détruirez-vous comme apportant des obstacles à la diffusion des lumières ? Ou bien, vous inspirant des traditions de temps assez près de nous, en ferez-vous des temples dédiés à la raison ? ou bien, faisant décréter l'existence d'un autre être suprême, confirmerez-vous leur destination primitive ?

Et ces prêtres, et ces missionnaires, et ces femmes de charité, et ces filles de providence, qui tous portent pour étendard la croix du Christ, que statuerez-vous sur leur sort ? Les licencierez-vous ? S'ils persistent à rester en corps, sévirez-vous contre eux ? Demanderez-vous encore à un passé qui est trop près de nous des expédients ? Vous trouverez nos questions bien indiscrètes, bien naïves. Mais que voulez-vous, nous autres provinciaux, nous sommes ainsi faits. Quand notre voisin emploie une autre méthode que celle connue pour cultiver son champ, nous lui demandons vite le pourquoi et le comment.

Vous avez posé les prémisses, nous, nous tirons les conséquences. Vous semez dans l'orage, nous, nous disons que vous récolterez dans la tempête ; vous dites que Jésus-Christ n'est pas Dieu, nous, nous sommes autorisés à dire qu'il est un imposteur. Donc nous et ceux qui avec nous disent qu'il est Dieu sont des imposteurs. Donc . . . .

. . . .

Et tout cela se dit, s'écrit et se débite en France par milliers d'exemplaires, et la France reste silencieuse ; et un cri unanime et réprobateur ne s'élève pas contre de pareilles doctrines ? Est-ce le silence de la pitié ?

Nous y applaudissons. Si c'était le silence de l'indifférence, ce serait le silence d'une nation en décadence, et la décadence est l'avant-courrière de la ruine d'une nation. Ce serait le silence de la mort.

Les hommes superficiels, ceux qui ne partagent pas nos idées, nous diront : Pourquoi faites-vous tant de bruit autour d'une question qui s'agite et se débat dans les hautes sphères de la science, de la philosophie et de l'histoire? Vous n'êtes qu'un pygmée pour la discuter, et vous l'attaquez avec la brusquerie et la fureur d'un ignorant fanatique.

Eh bien, le motif de notre juste colère et de notre sainte indignation, le voici :

Un arbre aux proportions colossales a été planté il y a 1800 ans. Ses racines ont atteint les profondeurs de la terre et ses rameaux en ombragent la surface. Pendant 1800 ans, toutes les générations qui se sont succédé sont venues lui demander la fraîcheur contre la chaleur du jour, un abri contre la tempête et le froid glacial de l'aquilon. Et vous, vandales modernes, vous voulez y mettre la cognée, pour le couper et le jeter au feu. Malheureux! n'est-ce pas à son ombre que vous avez appris cette science dont vous faites parade aujourd'hui et que vous retournez contre votre bienfaiteur. O hommes ingrats! vous avez goûté, mangé et savouré ses fruits, et maintenant vous venez dire qu'il n'en produit que d'amers...

Un édifice immense a été construit il y a 1800 ans. Ce palais n'a pas été fait pour les grands et les puissants de la terre, son fondateur nous l'a dit ; il s'ouvre à toutes les misères, à toutes les infortunes, à toutes les souffrances. On y donne le droit d'asile aux proscrits de tout les pays; mais ce grand monument porte ombrage à votre orgueil. Nouveaux Erostrates, vous voulez comme lui vous immortaliser en brûlant le temple d'Ephèse.

Eh bien! c'est contre vous, vandales, que nous venons le défendre. Cette clef de notre voûte sociale que vous voulez nous arracher, nous la défendrons jusqu'à la mort, jusqu'au dernier soupir.

Education et instruction de l'homme.

Etant donc bien démontré que le progrès et avec lui la liberté, l'égalité et le suffrage universel ne peuvent se faire et se conserver que par l'homme moral, le gouvernement moral, nous allons dire comment on peut soustraire l'homme aux influences délétères que nous avons signalées, comment on forme l'homme moral et par là le gouvernement moral.

L'homme naît faible et misérable ; il n'est d'abord qu'à l'état de brute, il boit, mange et fonctionne. S'il a faim, s'il a soif, s'il a froid, s'il souffre, il fait connaître ses besoins par ses cris et ses vagissements. Avec le temps, il grandit, il marche, il parle, il peut par lui-même satisfaire ses besoins ou demander à ce qu'on lui procure ce qu'il veut. Bientôt sa dualité apparaît ; il prend le discernement du bien et du mal, il peut user de son libre arbitre. Nous avons deux hommes en un seul, le moral, et le bestial ou matérialiste tel que nous l'avons défini ; le moment est donc venu de discipliner, de dresser, de former l'un et l'autre. Comment le ferons-nous? par l'éducation et par l'instruction. Quelques hommes pensent que ce serait à l'Etat, qui représente la société, à faire donner aux enfants de la nation l'éducation et l'instruction dont ils ont besoin. D'autres, et c'est le plus grand nombre, estiment que c'est au père de famille que revient la charge et appartient la liberté d'élever son enfant comme il l'entend, et que l'Etat seul doit surveiller cette éducation et cette instruction, et les faciliter par tous les moyens en son pouvoir. Nous nous rangeons à cette dernière opinion, c'est-à-dire à l'éducation mixte du père de famille et de l'Etat.

Les gouvernements qui se sont succédé en France depuis 40 ans, et notamment le gouvernement actuel, n'ont rien négligé pour donner à l'éducation et à l'instruction toute l'extension possible. Ils ont créé des écoles normales, pépinières d'où sortent des instituteurs capables et instruits ; ils ont amélioré le sort des instituteurs, augmenté leurs traitements, fondé des caisses de retraite pour leur vieillesse. Les maisons d'écoles ont été édifiées, reconstruites et réparées dans de bonnes conditions. La fréquentation des écoles a été rendue accessible aux enfants des pauvres comme aux enfants des riches, et la commune la plus ignorée a été appelée à jouir des bienfaits de l'éducation et de l'instruction ; mais l'Etat a-il suffi, peut-il suffire à sa tâche?

L'enfant qui va à l'école jusqu'à 15 ou 16 ans peut-il

à cet âge avoir acquis la somme des connaissances et des qualités morales nécessaires pour se conduire dans le monde ? Il sait lire, écrire et compter ; il a quelques notions d'histoire et de géographie, de géométrie et de dessin linéaire ; il en sait assez pour gérer ses affaires, apprendre un état manuel, se livrer au commerce et à l'industrie, mais en peut-on dire autant pour sa conduite dans le monde ? A l'école, à la pension ou au collège, nous admettons que pour suivre l'usage ou les vœux de ses parents que nous supposons chrétiens, il a été élevé dans les principes du christianisme. On lui a fait faire sa première communion. Oh ! en ce jour qui a été sans doute le plus beau jour de sa vie, comme l'a dit lui-même le plus grand capitaine et l'un des plus grands génies des temps modernes, il a pris de nobles et sublimes résolutions, la religion du Christ inspire de si beaux sentiments ! Il se sera promis d'être enfant soumis et respectueux, de devenir plus tard époux fidèle, père tendre, ami sincère, citoyen dévoué à son pays. Mais hélas ! que deviendront ces belles résolutions ? Il entre à peine dans la vie la tête pleine de nobles illusions, à l'âge où les passions commencent à fermenter. Qui le soutiendra ? qui le défendra ? S'il a son père et sa mère, s'ils apportent sur lui une surveillance sévère et incessante, et si, bien mieux encore, ils peuvent lui donner et lui continuer de bons exemple, il pourra peut-être arriver à l'âge viril, sain et sauf et sans encombre. Mais ce qui arrive souvent, s'il est privé de ses père et mère ou si ceux-ci ne peuvent l'aider de leurs bons conseils et encore mieux de leurs bons exemples, que deviendra-t-il ? Livré à toutes les séductions du jeune âge, emporté par les flots des passions, les bons sentiments qui lui ont été inculqués à l'école s'effaceront ; il tombera de faute en faute, d'excès en excès, heureux s'il échappe à la honte ou à l'infamie dans lesquelles nous avons vu bien des jeunes gens tomber. Que lui reste-t-il donc pour le préserver ? la société. C'est elle qui doit le prendre sous sa sauvegarde, parce que tous les membres qui la composent sont solidaires, parce que tous sont intéressés à la stabilité de la société pour eux, leurs familles et leurs fortunes. Mais comment compléteront-ils cette éducation ? Nous dirons : *Par l'association fraternelle.*

L'homme a des besoins matériels à satisfaire. Dieu lui a dit qu'il mangerait son pain à la sueur de son front. On peut donc dire que chaque jour doit suffire à sa peine. Pour assurer de l'ouvrage aux travailleurs et leur procurer par là le pain de chaque jour, le gouvernement embellit, agrandit, assainit les villes, creuse des canaux, établit des routes et des chemins de fer, encourage l'industrie et l'agriculture par des primes et des récompenses, dessèche les marais, reboise les montagnes, et donne à l'activité humaine un essor jusque-là inconnu. L'Etat a rempli sa mission, mais est-ce à dire que tout est fini ? L'Etat ne peut pas prendre en tutelle et tenir en lisière chaque individu pendant toute sa vie. Il est des causes indépendantes de sa volonté qui peuvent faire que l'homme soit pris au dépourvu et réduit au manque du strict nécessaire. Nous l'avons déjà dit : la grêle, la gelée, une inondation, un incendie, un chômage forcé, la maladie, peuvent anéantir ses récoltes, le toit qui l'abrite, le mobilier qui lui est indispensable pour lui et sa famille, tarir ses ressources et le réduire à la misère. Comment, dans son isolement, pourra-t-il parer à ces tristes éventualités ? Nous répondrons : *Par la caisse mutuelle de prévoyance.*

Avantages et bienfaits de l'association fraternelle et de la caisse de prévoyance mutuelle.

Pour *moraliser* la société et lui *assurer le bien-être* matériel, nous appelons à notre aide l'association fraternelle et la caisse de prévoyance mutuelle, parce que nous sommes intimement convaincu de leurs bienfaits *immenses et féconds.*

Oui ! ce n'est que par l'épargne du travailleur réuni au superflu du riche, que le travailleur et le prolétaire pourront traverser hors des atteintes de la misère et de la faim les années stériles, les chômages forcés et les maladies.

Ce n'est que par les rapports fréquents, multipliés, bienveillants, affectueux même, de ceux qui travaillent avec ceux qui font travailler, de ceux qui possèdent avec ceux qui aspirent à posséder, de ceux qui sont instruits avec ceux qui ne le sont pas, de ceux qui ont reçu une éducation morale et religieuse avec ceux que le malheur de leur naissance a laissés livrés à leurs bons comme à leurs mauvais instincts, que l'on parviendra à calmer cette fièvre, tout à la fois haineuse et ambitieuse, qui travaille nos sociétés modernes, qui entretient la division, la méfiance entre les diverses classes. Ce n'est que par la charité rajeunie et régénérée du Christ, nous le dirons et répéterons toujours, que l'on parviendra à cicatriser les plaies que nous ont léguées nos discordes civiles, à parer à cet égoïsme qui les dissout et les porte à leur décomposition. Ce n'est que par là que nous pourrons fermer ce gouffre toujours ouvert, toujours béant, des révolutions, qui menace de nous engloutir.

Moyens de propager l'association.

Après avoir démontré d'une manière péremptoire, nous l'espérons du moins, l'utilité morale et matérielle de l'association fraternelle et de la caisse de prévoyance mutuelle, il nous reste à indiquer les voies et les moyens à employer pour sa propagation.

Demanderons-nous une disposition législative pour imposer à chaque commune la formation de notre association ? Non. Nous en appelons au bon sens de nos concitoyens, et aucun d'eux ne fera défaut à cet appel. L'initiative de ces associations appartient aux maires, adjoints, conseils municipaux, et, à leur défaut, à tous les hommes de cœur, d'intelligence et de bonne volonté. Nous invoquons le patronage et, au besoin, le concours officieux des autorités supérieures qui ne nous feront pas défaut, à en juger par les encouragements qu'elles donnent tous les jours pour le développement de la mutualité. Ces associations, pour produire tous les heureux résultats que l'on est en droit d'attendre d'elles et pour ne laisser derrière elles aucun ferment de haine ou d'envie, doivent appeler dans leur sein tous les habitants de la commune, quels qu'ils soient, savants ou ignorants, artisans ou cultivateurs, sans exception de croyance, de religion ou d'opinion. Nous admettons dans notre association les jeunes gens et les jeunes filles de 10 à 20 ans. Nous les mettons sous la protection et la sauvegarde de notre association. Les femmes aussi n'y seront-elles pas appelées? N'ont-elles pas leur part des faiblesses humaines? Mais c'est à un autre titre que nous les réclamons. Ce sont les femmes qui, avec un amour constant, sans calcul, souvent sans espoir de retour et qui ne se lasse jamais, nous ouvrent les portes de la vie, nous assistent dans nos besoins, nous consolent dans nos chagrins, nous pansent, nous soignent dans nos maladies, dans nos maisons, dans nos hôpitaux, sur les champs de bataille, nous aident à mourir avec calme et résignation et nous ferment les yeux. Dans notre association, elles tiendront une place précieuse. Nous comptons sur leur concours empressé pour fermer bien des plaies de l'âme, réconcilier ceux que des différences dans la foi religieuse et politique tiennent trop souvent divisés.

Notre association s'adjoindra à titre de membres purement honoraires les gens riches, ceux qui sont dans l'aisance, les rentiers, enfin ; tous ceux qui exercent des professions ou arts libéraux et qui sont portés de bonne volonté. Tous devront apporter à notre association leur concours moral et pécuniaire, sans lequel elle ne ferait que végéter, languir et mourir. Leurs femmes et leurs enfants devront devenir sociétaires au même titre.

Nous comprenons dans notre association les enfants du travailleur et de l'artisan avec les enfants membres honoraires. L'enfant de celui qui n'est pas riche trouvera, soit par son travail, soit avec l'aide des hommes dévoués, le moyen de verser son obole. Car quel est celui de ces enfants qui, à l'aide d'un parrain, d'une marraine, ne pourra pas payer la faible cotisation mise à sa charge? Quel est celui d'entre les heureux du siècle qui ne voudra pas voir, grâce à sa munificence, un, deux et même plusieurs enfants faire partie de notre association et contribuer ainsi à leur avenir? Une bonne action comme celle-ci doit rafraîchir le sang et porter la joie dans le cœur de celui qui la fait.

L'enfant du riche prendra sa cotisation sur les petites sommes consacrées à ses plaisirs; ils n'en seront pas diminués. Les enfants font partie de la grande famille humaine ; un jour ils seront appelés à en être les membres actifs et militants. Il est bon de les initier de bonne heure à la bienfaisance et à une vie réglée. Que l'enfant du riche se mette en contact avec l'enfant du travailleur. Qu'ils s'habituent à se connaître, à s'estimer, et à avoir ces bons rapports qui sont les plus sûrs garants d'un avenir stable et heureux.

Il serait à désirer que chaque commune dont la population n'excède pas 3,000 âmes n'eût qu'une seule association. Si déjà il existait une ou plusieurs associations, il faudrait, autant que possible, fusionner toutes ces sociétés en une seule, en respectant les droits acquis des premières et en adjoignant le titre des anciennes à la nouvelle.

Dans les communes comprenant un territoire étendu, des villages disséminés ou une population manufacturière et industrielle dépassant 3,000 âmes, on pourrait établir plusieurs associations, formées d'une section de commune, d'un ou plusieurs villages, d'une industrie particulière assez compacte, nombreuse pour former une association à part, ou encore former une association comprenant toutes les professions ou industries isolées qui ne peuvent pas vivre de leur seule force.

Par exemple une commune pouvant réunir 1,000 sociétaires agricoles et 1,000 à 1,200 sociétaires d'industries diverses pourrait, devrait peut-être former deux associations dinstinctes. Dans ce cas, nous qui voulons l'humanité une, nous ne dissimulons pas notre prédilection pour une seule association.

Les communes où ne se trouveraient pas les éléments suffisants pour créer une assuciation pourraient être réunies à d'autres communes ou sections de commune.

De cette manière notre association peut s'appliquer à toutes les communes de l'empire, quelle qu'en soit la population et la superficie, quels qu'en soient les genres de travaux, d'occupations et d'industries.

Ce projet d'association que nous élaborons, que nous voudrions voir se propager, est spécialement destiné aux communes rurales. Frappé des dangers que présente cette tendance des habitants des campagnes à émigrer dans les villes, à quitter la vie paisible et calme des champs pour la vie agitée et énervante des grands centres de population, nous voulons les attacher au sol par l'amour de la propriété, de la famille, de l'épargne qui mène à la propriété, par les mœurs qui conservent la simplicité du cœur, du goût, des plaisirs ; mais, comme nous le disions, l'association peut produire d'heureux résultats chez tous les hommes. L'appliquer aux habitants des villes comme aux habitants des campagnes, c'est faire acte de bonne politique.

Chaque association pourrait faire un traité avec le médecin et le pharmacien du lieu, pour donner ses soins et fournir les médicaments aux malades titulaires de l'association à un prix réduit débattu. S'il y a plusieurs médecins et pharmaciens dans la localité, on pourrait faire semblable accord avec eux tous. Ce serait le moyen de donner à chacun d'eux, et qu'il saisirait avec empressement, nous n'en doutons pas de contribuer à la grande œuvre que nous désirons voir édifier, et de laisser le malade libre dans le choix de son médecin.

Les fonds libres de la caisse de prévoyance mutuelle pourront être placées en rentes sur l'Etat ou employés en placements à intérêts sur prêts hypothécaires, approuvés par le conseil de surveillance. Quand les ressources de la caisse le permettront, il serait convenable d'établir un fonds de retraite pour les vieillards de 60 ans.

Comme il est bon de faire intervenir Dieu dans toutes nos actions, ne serait-il pas convenable de mettre chaque association sous le patronage d'un saint, bienfaiteur de l'humanité? Chaque année, dans une messe solennelle à laquelle seraient convoqués tous les membres, la société célébrerait la fête de son patron. Notre religion, dans sa sollicitude pour les vivants, n'oublie pas les morts. La société ne pourrait-elle pas au moins, si elle le préfère, remplacer la fête patronale par une autre fête religieuse ? Ce serait de créer un service annuel et commémoratif pour les membres morts. On dirait des prières pour le repos de leurs âmes. On se rappellerait leurs vertus et leurs bienfaits. Et cette émulation tirée de la tombe ne serait pas sans profit pour les individus en particulier, et pour la société en général. Conservons, autant que nous pouvons, la religion du souvenir. C'est là ce qui nous reste de ceux que nous avons aimés et chéris sur cette terre. Les idées que nous émettons ici seront partagées, nous n'en doutons pas, par la grande majorité de nos concitoyens. Si pourtant il se trouvait parmi les membres appelés à faire partie de notre association quelques-uns de ces hommes qui croient voir l'intolérance partout où apparaît la religion, nous leur dirions : nous admettons à nos côtés tous ceux qui n'ont aucune croyance ; tolérez les nôtres à titre de réciprocité.

Un membre pourrait être exclu de l'association pour infractions plusieurs fois répétées aux règlements, pour débauche habituelle ou inconduite notoire, mais toujours après itératifs avertissements, réprimandes ou même suspension. Car, l'association ayant pour mission et pour but de moraliser, devra pardonner soixante-dix fois sept fois, c'est-à-dire beaucoup, avant de prononcer l'exclusion.

Statuts.

Nous allons formuler sommairement, et ainsi qu'il suit, les statuts de notre association, sauf les modifications, changements ou additions que devront nécessairement leur apporter le temps, le lieu, les personnes, le genre de travail, le prix de la main-d'œuvre, du siège de son établissement :

ARTICLE 1er. — Il est établi une association fraternelle et une caisse de prévoyance mutuelle, sous le titre d'Association fraternelle et Caisse de prévoyance de la commune de

ART. 2. — Tous les habitants de la commune, pères et mères de famille, adultes des deux sexes, garçons et filles de 10 à 20 ans, peuvent devenir membres titulaires et honoraires de ladite association, en prenant l'engagement de se conformer aux présents statuts.

ART. 3. — Le conseil d'administration et de surveillance de l'association sera composé : 1° d'un président ; 2° d'un vice-président ; 3° d'un syndic ; 4° d'un rapporteur ; 5° d'un trésorier ; 6° d'un secrétaire ; 7° de six membres adjoints. Il sera nommé douze membres complémentaires pour assister le conseil d'administration et de surveillance, dans le cas où il y aurait lieu de prononcer l'exclusion d'un ou plusieurs membres pour cause de débauche habituelle, inconduite notoire, défaut d'exécution des statuts, ou autre cause majeure. Le conseil et les membres complémentaires sont nommés pour trois ans; ils seront rééligibles. L'élection se fait au scrutin secret et à la majorité absolue des votes exprimés au premier tour. La majorité relative suffit au second. Tous ces membres peuvent être pris indistinctement parmi les membres titulaires et honoraires. Dans le cas où il y aurait lieu de prononcer l'exclusion, elle le serait à la majorité absolue des votants. La moitié au moins de tous les membres devra prendre part au vote.

Le conseil d'administration gère et administre activement et passivement les affaire de l'association, perçoit les cotisations, reçoit les legs, dons et autres avantages faits à l'association, après l'autorisation préalable de l'autorité compétente, fait emploi des capitaux, soit en placements à la caisse des dépôts et consignations ou achats de rentes sur l'Etat, soit en placement en premier rang hypothécaire sur biens libres et suffisants, à son choix, paie les médicaments et visites de médecins pour les malades de l'association, débat et acquitte les mémoires et comptes, délivre les secours aux malades et aux infirmes, surveille l'exécution des statuts, reçoit les membres nouveaux, prononce la censure, la suspension, l'amende et même l'exclusion, mais avec l'adjonction des membres complémentaires, comme il a été dit ci-dessus.

Art. 4. — Le fonds social se compose : 1° des cotisations des membres titulaires et honoraires; 2° des amendes prononcées dans les cas où il y a lieu; 3° des dons, legs et autres avantages faits à l'association; 4° des intérêts des capitaux placés.

Les cotisations sont mensuelles et payables tous les mois. La cotisation sera de fr. par mois pour les membres titulaires et honoraires de 20 ans et au-dessus;

Elle sera de fr. par mois pour les garçons et les filles de 10 à 20 ans;

Elle sera de fr. par mois pour les femmes de 20 ans et au-dessus.

Les cotisations des membres titulaires pourront être converties en journées de travail, qui seront employées au profit de ceux des membres auxquels leurs infirmités ou maladies donneront droit à un secours. Chaque année, au 1er janvier, chaque membre titulaire qui voudra acquitter sa cotisation en nature en fera la déclaration. A défaut d'emploi des journées, les cotisations se paieront en argent. La valeur de la journée de travail sera fixée d'après les bases d'un tarif pour chaque corps d'état, débattu et approuvé par le conseil d'administration. L'original de ce tarif sera annexé aux présents statuts.

Art. 5. — En cas de maladie d'un membre titulaire, les médicaments et les visites du médecin seront payés sur le fonds social. Les secours à donner au malade dont l'incapacité de travailler sera reconnue est fixée, savoir : à fr. par jour pour les hommes, à fr. par jour pour les femmes; et à fr. également par jour pour les garçons et filles au-dessus de 20 ans.

Après un an de maladie, les secours à donner par jour demeurent réduits à fr. pour les hommes ; à fr. pour les femmes, et à fr. pour les garçons et jeunes filles. Après deux ans de maladie, les secours obligatoires pourront être entièrement supprimés.

Il sera alloué un secours à chaque membre dont la récolte, en totalité ou en partie, aura été détruite par la grêle, gelée ou autre cas fortuit ; à celui dont la maison et le mobilier auront été détruits par un incendie ; à celui qui verra son travail arrêté par un chômage forcé ; à tout membre enfin qui, pour quelque cause que ce soit, et non prévue aux présentes, verra ses ressources anéanties pour l'année entière ou une partie de l'année. Tous ces secours seront attribués et répartis par le conseil d'administration.

Art. 6. — (Un nombre déterminé) femmes titulaires et honoraires seront désignées pour visiter tous les jours, à tour de rôle, les malades ; pour veiller à ce que les visites du médecin ne leur fassent pas défaut ; à ce que les médicaments prescrits soient administrés selon les formules ; leur porter les secours dont ils auront besoin ; les encourager, les consoler. Les visites par les hommes ne seront pas obligatoires, mais elles demeurent fortement conseillées, comme devant concourir au but que l'association se propose.

En cas de mort, il sera alloué, pour parer aux frais indispensables d'inhumation de chaque membre titulaire, une somme de fr. . Libre aux parents du défunt de l'augmenter et de faire rendre au défunt tels honneurs qu'ils voudront.

(Un nombre déterminé) membres titulaires et honoraires, hommes, femmes, garçons et jeunes filles, assisteront à l'enterrement du défunt et l'accompagneront jusqu'au champ du repos. Les autres membres resteront libres d'y assister ou de s'abstenir.

ART. 7. — L'association se met sous le patronage du bienheureux saint , dont l'Eglise célèbre le fête le du mois de . Ce jour-là, une messe solennelle à laquelle seront convoqués tous les membres de l'association, sera dite dans l'église de . La convocation sera faite publiquement, au prône du dimanche qui précédera le jour de la fête. Le jour et l'heure seront indiqués.

A l'issue de la messe, tous les membres de l'association se rendront à la salle de la mairie, ou tout autre lieu, s'il y en a de plus convenable, pour assister à la reddition des comptes du conseil d'administration et de surveillance de l'association. Chaque membre sera admis à prendre communication des articles de recettes et dépenses, des titres, pièces, quittances et mémoires fournis à l'appui, à les contester s'il y a lieu. Les comptes, ainsi examinés et débattus, seront clos et arrêtés. Le reliquat, s'il y en a, sera versé à la caisse du trésor, pour produire intérêt, ou il en sera fait tel autre placement que le conseil d'administration jugera le plus avantageux.

Quand les ressources de l'administration le permettront, il sera créé un fonds de retraite pour les vieillards de 60 ans. Le mode de retenue pour arriver à la création de ce fonds, celui de sa répartition et le montant de chaque pension à payer serait alors réglé en assemblée générale de tous les sociétaires.

Le conseil d'administration pourra fixer plusieurs assemblées générales chaque année. Ces réunions auraient pour but de resserrer les liens entre les sociétaires, d'étudier les besoins et de les satisfaire.

ART. 8. — Les fonctions de membre du conseil de surveillance et de membre complémentaire sont essentiellement gratuites. Il ne sera alloué que les frais de bureau jugés indispensables.

Les membres honoraires ne sont que les bienfaiteurs et coopérateurs de l'œuvre. Ils sont soumis à toutes les obligations des membres titulaires, et ne participent qu'aux avantages purement honorifiques.

Le but de l'association est la fraternité et la mutualité. Elle ne devra pas s'occuper de matières étrangères à son institution.

Les statuts de l'association pourront être changés, modifiés ou étendus par l'assemblée générale des associés convoqués extraordinairement à cet effet. Tous les changements seront formulés par écrit, signés par vingt membres au moins. Ils seront mis aux voix, au scrutin secret, rejetés ou approuvés à la majorité absolue des votants.

Mise en pratique de notre association. Réponse aux objections diverses.

Au premier abord, le projet d'association fraternelle et de caisse de prévoyance mutuelle que nous préconisons peut paraître, à quelques esprits, d'une réalisation impossible. Comment, dira-t-on, pourrez-vous grouper, réunir en un seul faisceau 600, 1,200 et même 1,800 personnes de tous âges, de tous sexes, de toutes conditions, de toutes professions, de goûts et de mœurs opposés, souvent antipathiques par les idées, les opinions et les croyances? Nous répondrons que le mot impossible n'est pas français et encore moins chrétien. Si nous avions un brin de cette foi qui soulève les montagnes; si nous avions une étincelle de cette charité qui fond la glace des cœurs comme le soleil fond la rosée du matin, nous n'aurions qu'à dire : Que notre association soit, et elle serait; mais puisqu'il n'en est pas tout à fait ainsi, prenons les hommes tels qu'ils sont. A l'œuvre, à l'œuvre, courage et en avant.

D'autres ont trouvé le moyen de percer les montagnes, de combler les vallées, d'unir les mers, d'abréger les distances, d'une manière qui surprend, étonne l'imagination; et cela dans le but de faciliter les rapports intellectuels, de multiplier les transactions commerciales entre peuples jusque-là étrangers. Et nous, hommes de peu de foi, nous ne pourrions pas trouver le moyen de rapprocher, de réunir dans un intérêt commun des habitants disséminés sur un espace de trois à quatre kilomètres carrés?

Nous avons accordé l'initiative de notre association au maire de la commune, parce que nous devons croire que sa probité, son intégrité, sa capacité et son intelligence l'ont désigné aux suffrages de ses concitoyens et au choix de l'autorité supérieure. Nous avons donné une part de cette initiative aux conseils municipaux, parce que eux aussi ont été jugés dignes d'aider le maire dans la gestion et l'administration des affaires de la commune.

Ils sont appelés tous ensemble à veiller à ce que l'édifice consacré au culte soit en rapport avec sa haute destination, à ce que l'instituteur remplisse dignement la noble mission qui lui est confiée, à ce que la maison d'école soit salubre, bien éclairée, bien aérée, les rues, routes et chemins de la commune dans un état de bonne viabilité, à ce que des eaux pures et abondantes soient fournies et distribuées à tous les habitants de la commune; enfin, à ce que tous les services de la commune se fassent et s'accomplissent avec une entente et une harmonie parfaites.

Or, l'association que nous proposons n'est-elle pas le complément et l'appendice d'une sage administration municipale?

Vous, maire et conseillers municipaux, vous nous avez donné une église décente, majestueuse même. Eh bien, nous venons vous demander que, conséquents avec vous-mêmes, vous veniez, par vos exemples encore plus que par vos paroles, apprendre à vos administrés, à vos concitoyens, à rendre à Dieu le culte qui lui est dû, à sanctifier tous leurs actes, à purifier toutes leurs actions par la religion.

Vous nous avez donné un instituteur moral et capable, une maison d'école qui satisfait à toutes les exigences, qui répond à tous les besoins. Eh bien, nous, nous venons vous demander de faire par vos paroles, vos exemples et, s'il le faut, par vos encouragements pécuniaires, que les pères de famille envoient leurs enfants à l'école pour les instruire et les moraliser.

Vous avez donné de belles rues, de bons chemins à la commune. Nous, nous venons vous demander que, par vos efforts réunis, par quelques offrandes jointes à l'économie des travailleurs, cette terre ou cette vigne si bien desservie ne reste pas une année, peut-être deux, inculte et improductive à cause de la maladie ou de l'incurie de son propriétaire.

Vous avez donné de l'eau en abondance aux habitants de la commune ; nous, nous venons vous demander que grâce à notre association, aucun habitant de la commune, pour quelque cause que ce soit, ne manque, lui et ses enfants, du pain de chaque jour.

A vous, l'élite de la commune, maire, conseil municipal, juge de paix, curé, instituteur, hommes instruits, aux professions libérales, propriétaires, rentiers, à vous, hommes moraux, religieux, bienfaisants et de bonne volonté, nous venons vous demander que, par vos paroles, vos conseils incessants, vos bons exemples, vos légers secours pécuniaires, le cultivateur, l'artisan, le travailleur, quel qu'il soit, devienne sobre, économe, rangé; qu'il s'attache aux lieux qui ont été les témoins de ses premiers plaisirs, à la maison qui l'a vu naître, au jardin qui a été le lieu de ses premiers ébats, au champ qu'il tient en héritage de ses père et mère; qu'il s'efforce, par un travail soutenu, d'augmenter son patrimoine ; qu'il ne prenne pas l'idée d'aller se ruer, se vautrer dans ces plaisirs fangeux et corrompus des villes, où il verrait bientôt se perdre son argent, sa santé, le calme de sa conscience, trop souvent son honneur, et où il trouverait inévitablement l'abrégement de sa vie.

Quoi ! chaque canton, par un mouvement que nous approuvons, auquel nous applaudissons de toute notre âme parce qu'il tend à faire progresser l'agriculture que nous regardons à bon droit comme la mère nourricière des hommes et la reine des arts, chaque canton, disons-nous, tiendra à honneur de s'ériger en comice agricole ; l'élite de sa population par le savoir et la fortune viendra prendre part et assister à la distribution des primes et des médailles d'honneur faite à celui qui aura le mieux labouré son champ, à celui qui aura élevé le cheval aux formes les plus belles et les plus gracieuses, à celui qui aura fait produire à sa terre les plus belles pommes de terre ou les plus belles carottes, à celui qui aura employé le meilleur procédé pour engraisser ses porcs, à celui qui aura fait la meilleure sélection de son élève taureau ou génisse.

Quoi ! des hommes distingués par la science, faisant partie des sociétés savantes, ayant l'appui d'hommes puissants, ayant à leur disposition les organes accrédités de la presse quotidienne, pourront impunément, nous dirons même avec une apparence de succès et aux applaudissements d'une foule de coryphées et d'adeptes en délire prêcher la désorganisation sociale, la négation de Dieu, de la morale, de la religion, déverser le blâme, le mépris, le ridicule sur les choses les plus saintes et les plus sacrées.

Quand quelques voix d'hommes ignorés s'élèveront de la foule pour convier les habitants notables d'une commune à leur apporter leur concours non pour l'élevage d'un bœuf ou d'un cheval, la culture d'une carotte ou d'une betterave, mais pour l'instruction et l'éducation, et aussi la culture d'une créature créée à l'image de Dieu ; à leur donner quelques légers subsides non pour encourager l'engraissement des... porcs et des volailles, mais pour faire que le pain de chaque jour demeure assuré à cette même créature et à ses enfants ; à donner leur appui à une association fraternelle et à une caisse de prévoyance mutuelle dont les résultats moraux et matériels pour la société, pour la sécurité de leurs personnes, de leurs biens et de l'avenir de leurs enfants, sont palpables, évidents, clairement définis, ces voix ne seraient pas entendues ?

Et quand les voix de ces hommes s'adressant à tous leurs concitoyens leur crieront de leur venir en aide pour sauver une société qui se meurt dans le marasme de l'incrédulité et de l'athéisme, et qui se morfond dans les étreintes d'un égoïsme froid et glacial, ces voix et ces cris ne seraient pas entendus et resteraient sans écho ?

Ah ! s'il devait en être ainsi, nous gémirions sur l'aveuglement de nos concitoyens et de nos frères. Comme une autre Cassandre, nous irions pleurer sur les malheurs dont notre patrie est menacée. Mais toujours confiant et résigné, nous attendrions qu'il plût à Dieu de nous retirer de notre poste de combat.

Ce 12 octobre 1863.

Adressé le double à la Société d'émulation et d'encouragement de l'Ain.

PIÈCES & ARTICLES DIVERS

Avant de quitter cette terre, je vais jeter un coup d'œil rétrospectif sur le passé, reporter mes souvenirs vers ceux qui m'ont donné le jour, m'ont nourri, vêtu, soigné, élevé, m'ont comblé de bienfaits;

Vers celui qui fut mon savant et vertueux précepteur;

Vers celle qui fut ma compagne fidèle et bien-aimée.

Puisse cet écrit, à défaut de monuments de pierre, de marbre ou de bronze, apprendre à mes enfants et descendants que la mémoire du juste est éternelle.

Né de parents qui étaient dans une modeste aisance, j'ai été à l'abri des privations et j'ai vu satisfaire à tous mes besoins. Je n'ai pas été bercé sur les genoux d'une déesse; j'ai sucé le lait et j'ai eu tous les soins de la plus dévouée des mères. Elle a élevé plusieurs enfants, tous au delà du bas âge; c'est dire assez les soucis, les peines, les inquiétudes, les sollicitudes que lui ont donnés un pareil fardeau. Je me rappelle encore, non sans émotion, les soins qu'elle apportait pour leur santé, leur nourriture, leurs vêtements, et tout ce qui tenait à une extrême propreté. Moi qui étais l'aîné des fils, je puis bien dire ce que j'ai vu. Mais elle était bien aidée dans sa tâche par notre père, homme actif, travailleur, économe, rangé, intelligent, probe, honnête, catholique pratiquant sans ostentation.

On se levait de bonne heure. Ma mère se livrait aux travaux du ménage; elle préparait la soupe traditionnelle, faisait faire la prière à ceux qui étaient en âge. Je me rappelle que, à genoux devant le foyer de la cheminée, surtout quand il faisait froid, je récitais le *Pater*, le *Credo*, le *Confiteor*. Puis je mangeais ma soupe et je partais gaiement à l'école. On revenait à onze heures et on repartait à une heure. Le tout s'exécutait militairement. Personne ne bronchait. C'était le bon temps.

J'avais appris à lire, à écrire, à calculer. J'avais quelques notions de tout. Mon père, dans ses moments de loisir, s'était fait mon répétiteur.

Mais le temps des fortes études était venu; il fallait penser à s'ouvrir une carrière.

Nous avions alors, dans notre commune à P..., un savant et digne prêtre, M. B..., qui se dévouait pour l'instruction de trois ou quatre jeunes gens, dans la pensée de les diriger dans la voie du sacerdoce et, à défaut, dans celle du bien. Il était en bons rapports avec mon père, qui était trésorier de la fabrique. Il lui proposa de me prendre au nombre de ses élèves, ce qui fut accepté, comme bien l'on pense, avec reconnaissance.

Je fus ainsi lancé à apprendre la grammaire latine, à faire des thèmes et des versions, à traduire l'*Epitome*, plus tard, le *de Viris*, Salluste, Virgile. Comme on le voit, la besogne ne manquait pas. Je m'adonnai avec plaisir à l'étude. Je faisais des progrès. J'éprouvais pourtant des difficultés à posséder la langue latine. Je dois avouer que je n'ai jamais pu la traduire à la lecture sans recourir au dictionnaire.

Mais, le temps des humanités et de la rhétorique venu, j'entrai avec plaisir dans un élément qui me convenait. C'est là que je pus apprécier la sagesse, la profonde intelligence, le tact admirable de notre digne professeur. Sur ses indications je m'attachai à nos grands littérateurs et écrivains, et à leurs morceaux de choix.

Je savais par cœur l'*Art poétique* de Boileau; j'admirais Corneille dans les tragédies de *Cinna* et des *Horaces;* Racine, dans sa tragédie d'*Athalie*, le chef-d'œuvre de l'esprit humain, a dit Voltaire, qui s'y connaissait. Je suivais Bossuet, l'aigle de Meaux, dans son discours à travers l'histoire des âges passés; j'étais dans l'admiration en lisant ses oraisons funèbres. J'entends encore ce cri de foudre lancé sur son auditoire : « Dieu seul est grand, mes frères. »

Dans un autre ordre d'idées, le professeur nous montrait Fénelon avec *sa modération et sa douceur* qui pourtant n'était pas *sans vigueur quand il demandait que l'autorité se montrât inflexible pour contenir les esprits que la moindre mollesse rendait insolents.* Il faut, disait-il, *de bonnes écoles, et il faut une autorité qui ne se relâche jamais, pour assujettir toutes les familles à y envoyer leurs enfants.*

Avec le bon, le naïf, l'inimitable La Fontaine, il nous révélait, dans le langage de ses bêtes, les travers et les vices de l'humanité. Il faut lire, entre toutes, la fable des animaux malades de la peste. Ce morceau, qui est de tous les temps, ne souffre pas d'analyse. Nous y trouvons les tyrans, grands et petits, de tous les pays et de tous les temps, entourés de leurs acolytes et flatteurs opprimant, pressurant, volant, assassinant au besoin les faibles et les honnêtes gens. Sur le livre des *Pensées* de Pascal, il nous amènera à la croyance de Dieu par les livres saints, l'histoire et les miracles, les raisonnements connus des apologistes, et encore par des raisons nouvelles tirées de la partie des mathématiques dont il est l'inventeur, du calcul des probabilités.

Avec Louis Racine, dans son poème de *la Religion*, ouvrage non sans mérite, quoique l'auteur, dans sa modestie, ait pu dire : « et moi, fils inconnu d'un si glorieux père », il nous invitait à tourner nos regards vers Dieu.

Enfin, pour compléter notre éducation littéraire, il faisait intervenir les femmes :

Mme Deshoulières, la femme poète qui, malgré ses défauts, a laissé le plus de souvenirs; je me rappelle avec plaisir ce vers charmant de son idylle des moutons :

Paissez, petits agneaux, sans soucis, sans alarmes.

Mme de Sévigné, la femme qui, dans le style épistolaire, est restée, pour les races présentes et futures, un modèle d'amabilité, d'aisance, de grâces naturelles, de douceur dont le lecteur se pénètre et est tellement possédé qu'il regarde toutes ces qualités comme siennes.

Mme de Maintenon, institutrice de génie et de cœur, vie de misères, de grandeurs, de luttes, d'amertumes.

Mme de Lafayette (comtesse), esprit solide et fin, « la femme de France qui avait le plus d'esprit et qui écrivait le mieux, » a dit Boileau.

Mme de la Sablière, réservée, aussi modeste que savante, protectrice de La Fontaine, a passé une partie de sa vie aux incurables dont elle soignait les pauvres ; a terminé sa vie dans les œuvres pieuses et charitables.

Enfin, Mme Campan, cette institutrice moraliste qui a habité les palais des rois, dont la maxime était : « Créer des mères, voilà toute l'éducation de la femme. »

Mais c'est précisément au moment où, comme Annibal, je m'enivrais dans cette nouvelle Capoue, que j'avais à trancher une grave question de la solution de laquelle dépendait mon avenir. Le temps était venu de sortir des lettres pour entrer dans le champ de la philosophie, étudier ensuite la théologie et de là embrasser le sacerdoce. Que faire ? Après avoir son démon cœur et mes reins, je me suis demandé si j'avais bien les aptitudes, les dispositions pour me consacrer, sans restrictions ni réserves, au service de Dieu ; il s'est élevé des doutes dans mon esprit que je n'ai pu résoudre. Je me décidai à rester dans le monde et j'optai pour le notariat.

L'homme de bien qui avait dirigé mon éducation a pu être attristé de ma décision ; il savait, lui, le bien immense que peut faire le bon prêtre, libre de toutes les attaches du monde ; mais il s'inclina, sans mot dire, devant ma libre volonté et m'a continué son bienveillant appui jusqu'à sa mort.

Je consacrai dès lors tout mon temps à l'étude des lois. Je portai d'abord mon attention sur les débats et les discussions du tribunat qui ont précédé la confection du code civil, ce palladium de la société civile. Puis, je passai à l'étude des formalités de la procédure, de nos lois pénales et administratives, formant un tout serré et condensé par lequel notre législation est arrivée à l'homogénéité qui lui faisait défaut. C'est un vrai monument auquel le temps seul peut apporter les modifications qui seront reconnues nécessaires.

Dans mes loisirs je complétais mon éducation littéraire. Jean-Jacques Rousseau, par son style concis, serré, animé, brillant, était d'un grand attrait pour moi. Je me délectais à lire ses peintures de la nature et la description des plaisirs qu'elle procure, dans la manière qu'il nous donne de rendre nos voyages utiles et agréables par l'étude des personnes et des choses.

Mon stage terminé, je suis devenu notaire. C'est encore l'homme de bien auquel je devais mon instruction, qui m'a éclairé dans le labyrinthe de cette vie, qui m'a conseillé la femme bien-aimée qu'il s'est substituée. A partir de cette époque j'ai été éloigné de lui. La mort plus tard est venue l'enlever à ses paroissiens, à la grande famille des pauvres et des malheureux. Bossuet lui-même eût trouvé dans cette vie admirable le sujet de la plus pathétique oraison funèbre. Il nous aurait montré ce saint homme, oui, saint, quittant ses souliers pour en chausser un mendiant, faisant passer des confortants aux malades, se dépouillant de son argent, même en faveur d'intrigants qui abusaient de son grand cœur ; donnant ses linges de corps et de ménage; ce qui l'avait réduit à un tel dénuement qu'une société de dames de la paroisse de B... s'était organisée en conseil judiciaire, pour surveiller les actes de ce prodigue d'un nouveau genre, qu'il n'était pas venu à l'esprit du législateur de protéger. Aussi quels respect et admiration avait-on pour sa personne! En 1848, année de troubles et d'anarchie, où l'on renversait les croix, maltraitait les prêtres, quand on ne les assassinait pas, on a vu une troupe d'énergumènes, ne pouvant se défendre d'admiration pour lui, vouloir lui faire une ovation publique.

Au bas de son portrait, j'ai mis ce quatrain qui pèche par la forme mais qui rend ma pensée :

A l'Evangile du Christ il m'inspira la foi ;
Puissé-je couler ma vie sous cette sainte loi.
Et quand la mort à ma vie viendra mettre fin,
Plaise à Dieu que nos âmes soient réunies dans son sein.

A mon ami B...

Je dois aussi un souvenir à la mémoire de mon compatriote et vieil ami B... Je le prends de préférence à tous autres, parce que nos bons rapports ont eu une durée de plus de cinquante ans, et parce que nous tendions tous deux au même but, celui d'amener tous les hommes dans les voies de l'union, de la concorde et de la fraternité. Sur ce point, nos idées, à part quelques dissidences que je signalerai ci-après, étaient uniformes. Des hommes de tous les pays, distingués par leur savoir et par leur amour de l'humanité, parmi lesquels nous remarquons Henri Richard, d'Angleterre, le sénateur Charles Sumner, des Etats-Unis,

Mancini, d'Italie ; pour la France : Charles Renouard, procureur général à la cour de cassation, Jean Dolfus, Emile Kœchlin, de Mulhouse, Ad. Franck et Joseph Garnier, membres de l'Institut, Frédéric Passy, Edouard Laboulaye, les abbés Lamazou et Denys, s'étaient mis à la tête d'un mouvement universel ayant pour but de condamner le prétendu droit de conquête, de substituer l'arbitrage à la force, d'étendre, en les popularisant, les idées de justice et de liberté aux relations internationales. Leur propagande était reproduite par un journal ayant pour titre : *Bulletin de la Société des Amis de la paix*, avec cette épigraphe : *Le droit prime la force.* Mon ami était membre adhérent de cette société, et me communiquait ses travaux. J'applaudissais de tout cœur aux efforts de ces hommes généreux. Mais, je dois le dire, je ne me dissimulais pas les obstacles insurmontables qui s'opposaient à l'établissement et au fonctionnement de ce tribunal arbitral des nations, dans la diversité de langue, de religion, de gouvernement, soit autocratique, soit démocratique, le tempérament et les susceptibilités des peuples, les rivalités de commerce et d'industrie, l'ambition des hommes appelés à gouverner, les mystères et les roueries de la diplomatie. Comment ne pas désespérer d'accorder à l'amiable des nations, quand nous voyons, en France, les difficultés, les obstacles, les juridictions par lesquels il faut passer pour arriver à la solution de différends qui ne valent pas les frais qu'ils occasionnent, soulevés entre deux, quatre ou six personnes : voisins, amis, parents, souvent au degré de père, fils, frère.

Le n° 12 du *Bulletin* de mars 1876 reproduisait de la manière suivante les déclarations pacifiques du gouvernement :

Le 14 mars 1876, M. le duc Decazes, ministre des affaires étrangères, à la tribune du Sénat, et M. Dufaure, président du conseil, ministre de l'intérieur, à la tribune de la Chambre des députés, ont lu, au nom du gouvernement, une déclaration de laquelle nous extrayons le passage suivant, dont la netteté rend tout commentaire superflu :

« La République, telle qu'elle est sortie des votes « de l'Assemblée nationale, donne au pouvoir sa plus « grande force, parce qu'il est exercé au nom de l'in-

« térêt de tous ; qu'elle a besoin, plus que toute autre
« forme de gouvernement, de s'appuyer *sur les saintes*
« *lois de la religion, de la morale et de la famille, sur la*
« *propriété inviolable et respectée, sur le travail encou-*
« *ragé et honoré,* et qu'enfin, elle *répugnera à ces aven-*
« *tures guerrières dans lesquelles les gouvernements*
« *ont trop souvent engagé la fortune des nations.* »

. . . .

« Nos relations avec les puissances étrangères n'ont
« rien perdu de leur caractère amical et pacifique.

« La France s'est associée aux efforts tentés pour
« apaiser les troubles qui agitent les provinces occi-
« dentales de la Turquie d'Europe, et nous conser-
« vons l'espoir que l'accord des grandes puissances,
« affirmant ensemble le respect des traités et leur at-
« tachement pour la paix, portera ses fruits.

« Aucune puissance n'a plus souffert que nous de
« la guerre civile qui désolait l'Espagne. Aucune ne
« pouvait en envisager la fin avec une satisfaction plus
« vive et plus sincère.

« Cet apaisement des esprits aux deux extrémités
« de l'Europe, cet ardent désir de la paix, dont tous
« les peuples comme tous les gouvernements se mon-
« trent animés, favoriseront les négociations commer-
« ciales auxquelles le gouvernement se prépare.

« L'expiration très prochaine des traités de com-
« merce et de navigation qui nous lient aux autres puis-
« sances, appelle les pouvoirs publics à fixer de nou-
« veau le régime économique auquel seront désormais
« soumises nos relations commerciales avec l'étranger.

« Cette question, si grave pour la préservation du
« travail national et le développement de la richesse
« publique, commande toute notre sollicitude.

« Nous nous appliquerons à la résoudre avec vous,
« en nous efforçant d'épargner à nos industries les
« perturbations inséparables des remaniements de
« tarifs, et en persévérant dans la politique de sage
« liberté commerciale, sous l'égide de laquelle nos
« transactions avec l'étranger ont pris une si large et
« si féconde expansion. »

. . . .

« Nous n'abordons pas sans émotion, messieurs
« les députés, cette première session de la République
« constitutionnelle ; nous prévoyons les difficultés

« qu'elle peut nous offrir ; nous osons espérer qu'elles « seront aplanies par votre confiance dans la haute et « loyale sagesse du président, par l'accord constant « des deux Chambres, et par notre désir commun et « passionné de voir la France se relever et grandir, par « la liberté, l'ordre et la paix. »

« Nous prenons acte, dit le *Bulletin de la Société des Amis de la paix*, de ces déclarations pacifiques, et nous espérons que le Parlement saura les consacrer par des actes.

C'est ici le cas de signaler la divergence d'opinion qui existait entre mon ami B... et moi. Avec MM. Decazes et Dufaure, j'estime que la base d'un gouvernement démocratique est de s'appuyer *sur les saintes lois de la religion, de la morale et de la famille.* Quand je parlais de religion à mon ami, il me disait que j'étais bien heureux de croire ; mais que, pour lui, il n'avait pas la foi. Notre entretien en restait là, et jamais je n'ai fait de prosélytisme avec lui. J'avais l'intuition que cette grande âme reviendrait à son Créateur. Ce n'était pas un libre-penseur, ce qui est synonyme d'athée ; mais il était penseur libre, c'est-à-dire qu'il n'y avait pas chez lui de parti pris ; il étudiait, il cherchait sa voie pour se décider en connaissance de cause, il entrevoyait la beauté, la sublimité de la religion du Christ, mais il lui manquait la foi en sa divine origine. Un jour, je l'avais accompagné à l'étude d'un notaire de B... ; il allait entretenir un homme d'affaires pour le charger de le défendre dans un procès injuste qu'on lui avait soulevé. En sortant de cet entretien il me dit : Tu as vu ce M... C'est un clérical renforcé, et pourtant c'est le seul homme ici auquel je puisse confier mes affaires. Il avait trouvé, comme saint Paul, son chemin de Damas. Quelques années plus tard il mourait, avec les sentiments d'un parfait chrétien, dans les bras de sa fille bien-aimée, la digne servante du Christ.

De tout ceci nous devons induire qu'il manque un point d'appui à tous ces hommes qui veulent le bien de leurs semblables et qui s'évertuent à trouver les moyens pour arriver au noble but qu'ils se proposent. Eh bien ! cette force est aujourd'hui dédaignée, méprisée, sifflée, vilipendée, traînée dans la boue. Cette force, c'est l'Evangile du Christ, cette religion de mansuétude, de douceur, de charité, qui devrait être, comme je l'ai dit ailleurs, le code unique de la fraternité de tous les peuples.

J'ai conservé des rapports suivis et intimement respectueux avec Mlle Anna B..., la digne fille de mon ami.

Elle a largement bénéficié des idées philanthropiques de son père. Volontairement vouée au célibat pour conserver son entière liberté, elle a consacré sa vie, son bien, ses forces, sa santé, enfin toutes ses facultés, à soutenir et à soulager sa vénérable mère, vieille et infirme ; à élever, faire instruire, diriger, suivant leurs goûts et leurs aptitudes, vers un avenir stable et assuré, quatre orphelines, ses nièces consanguines, heureux moi-même d'être admis en qualité de conseiller intime dans cette petite famille.

Et, chose admirable, Mlle B... trouve encore le moyen d'être membre actif de toutes les sociétés de bienfaisance. L'homme peut exceller dans les arts et les sciences, mais dans l'art de pratiquer la charité, la femme seule en connaît tous les secrets.

ÉPITAPHE

Ci-gît B..., né sur les rives de l'Ain,
Il s'abandonna sans crainte à son destin,
Tout à Dieu, à la famille et à la liberté,
Peu importait le lieu où le poussait son ubiquité.

Loin du monde et du bruit, sans ambition, sans envie
L'étude de la nature faisait le bonheur de sa vie.
Après avoir pleuré celle qui fut sa compagne fidèle,
Il est allé la rejoindre dans la vie éternelle.

A la mémoire de ma bien-aimée Louise

« Qui trouve une femme forte ? Elle est plus « précieuse que ce qui se rapporte de l'extrémité « du monde. »

« Le cœur de son mari met sa confiance en « elle. »

« Elle lui rend le bien et non le mal. »

« Elle ceint ses reins de force, et elle a affermi « son bras vers le pauvre. »

« Elle est revêtue de force et de beauté, et elle « rira au dernier jour. Elle a ouvert la bouche à « la sagesse et la loi de la clémence est sur sa « langue. »

(*Proverbes de Salomon*, chapitre XXXI, versets 10, 11, 12, 17, 20, 25, 26.)

Le 25 juin 1887, s'endormait dans la paix du Seigneur, calme et sereine comme un beau jour, la compagne fidèle qui, pendant plus de 48 ans, a partagé mes joies et mes peines, m'a soutenu dans mes défaillances et fut mon ange gardien.

Elle apportait la même sollicitude, les mêmes soins affectueux, le même empressement, la même vigilance pour ce qui concernait les siens.

Mais le cercle restreint de la famille ne pouvait suffire à l'expansion de la charité qui débordait de cette âme grande et généreuse. La grande famille des pauvres et des déshérités devait, elle aussi, avoir une grande part de ses bienfaits. Comment dépeindre cette vie toute de sacrifice, d'abnégation et de dévouement?

Orpheline et privée de sa mère bien jeune, elle eut plus tard à prodiguer, pendant de longues années, à un père goutteux et valétudinaire, les soins continus et affectueux, même au détriment de sa santé.

Devenue épouse, elle se fait admettre dame de charité pour visiter les malades et les indigents, et apporter sa cotisation pour leur venir en aide.

Devenue mère, elle nourrit et élève son enfant avec la plus grande tendresse.

Passée à l'état de grand'mère, ses quatre petits-enfants deviennent sa joie et son bonheur; elle leur prodigue les caresses et les soins les plus affectueux.

Reléguée dans un hameau éloigné de l'école et de l'église, elle réunit les enfants appartenant à des parents qui ne peuvent s'occuper d'eux; elle leur enseigne la lecture, leur fait apprendre le catéchisme, les prépare à leur première communion, les initie à la religion du Christ, cette religion de charité et d'amour, sans laquelle, quoi que l'on dise et que l'on fasse, il n'y aura jamais de morale vraie et solide. Elle leur inspire l'amour et le respect pour leurs parents, la bienveillance et les bons rapports avec leurs égaux.

Dans tous les pays où elle passait, il y avait des malades à visiter et à soulager, des pauvres à assister. Elle cultivait les plantes et les fleurs. Elle avait étudié les vertus des simples que Dieu, dans sa bonté, a mis avec tant de profusion sous la main de l'homme. Elle avait appris d'un savant et vénérable médecin, son parent, à administrer, avant l'arrivée du praticien, ou à son défaut, certains remèdes inoffensifs au fond, et qui peuvent, dans beaucoup de cas, guérir les malades, au moins les soulager. Elle allait partout où le besoin l'appelait, et obtenait souvent de bons résultats par ses remèdes, ses conseils sur l'hygiène et le régime à suivre.

Cette confiance qu'elle avait su gagner pouvait aller à l'exagération, témoin le cas de ce jeune homme de 28 ans qui, abandonné des médecins et aux prises avec la mort, criait dans son désespoir : allez chercher Mme B... ; elle me guérira. Une personne qui avait été témoin de cette scène de désolation ne pouvait la rappeler sans des larmes d'attendrissement.

Elle était de toutes les sociétés qui avaient un but d'amélioration morale et intellectuelle, notamment de celle de la Propogation de la foi, de cette association qui tend, par la prédication de l'Evangile, à porter la civilisation à l'extrémité de la terre, et par-dessus tout à l'abolition du trafic des hommes à l'égal des bestiaux, soit de la traite des nègres.

J'ai l'espérance d'avoir lavé dans mes larmes les torts involontaires que j'ai pu avoir envers cette noble et digne femme.

Il ne me restait qu'un vœu à faire dont je désirais voir la réalisation avant ma mort, celui de voir mes petits-enfants passer à des unions suivant mon cœur. Ce vœu a reçu sa complète exécution. Les nouveaux venus dans ma famille y ont été les bien reçus. Elevés de part et d'autre, par leurs parents, dans des principes d'ordre, de conscience et d'honneur, je me plais à croire qu'ils persisteront dans cette bonne voie, la seule qui puisse donner le bonheur que nous cherchons et que nous pouvons espérer dans cette vie.

Libre ainsi des grandes préoccupations de ce monde, je puis dire comme le saint patriarche Siméon :

« *Nunc dimittis servum tuum Domine.* »

« Maintenant, Seigneur, vous pouvez appeler à vous « votre serviteur. »

Madame L. G.

Madame L. G. a une place marquée dans les mémoires de ma vie. C'est elle qui a assisté ma femme bien-aimée dans l'acte suprême qui prépare le chrétien à monter au ciel, et qui lui a fermé les yeux. Je lui en garderai une éternelle reconnaissance.

Dans les rapports que j'ai eus avec cette femme de

bien, il m'a été donné d'apprécier la sûreté de son jugement, la rectitude de son esprit, la droiture de son cœur et la bonté de son âme. J'ai pu admirer cette vie toute d'abnégation, de sacrifice et de de dévouement. Que de soins, de soucis, de sollicitude ont agité cette grande âme, quand il s'agissait de la santé et du bien-être de son mari, de ses enfants et de ses proches; de l'éducation, de l'établissement de ces mêmes enfants. Comment un corps si faible, une santé si délicate ont-ils pu résister à tant de commotions? La conscience du devoir accompli et l'aide de Dieu ont pu seuls opérer ce prodige. Elle aimait les pauvres, les déshérités; elle soutenait les faibles par ses bons conseils. J'en ai conservé un bien doux souvenir.

Un jour qu'après une grosse pluie d'orage, je me promenais sur les bords ombragés de l'Azergue, qui ont tant de charmes pour moi, je m'entendis interpeller par une bergère qui avait la garde de plusieurs vaches : — Vous allez vous mouiller les pieds, M. B., me dit-elle. Emerveillé d'une telle attention venant d'une enfant de 13 à 14 ans, je voulus m'enquérir qui elle était : — Mes frères et moi, me fut-il répondu, nous avons perdu notre père, il y a quelques années; nous n'avons plus que notre mère, qui a été obligée de pourvoir à tous nos besoins par son travail journalier; mais notre bonne voisine, Mme L. G., est venue à notre aide. C'est elle qui m'a instruite, qui m'a préparée à ma première communion; maintenant nous pouvons gagner notre vie. Nous restons pleins de reconnaissance pour cette bonne dame.

Mme L. G. a eu de très bonnes relations avec M. D., qui avait exercé avec distinction la profession de médecin à Paris, et qui s'était retiré à la campagne; il n'exerçait plus sa profession, se bornant à donner quelques bons conseils à l'occasion. Après avoir été guérisseur du corps, M. D., aussi savant lettré qu'habile praticien, voulait se consacrer gratuitement à la guérison des âmes. Sa nouvelle doctrine était consignée dans un livre intitulé : LES MALADIES DES PASSIONS, et Dieu sait si, de ce côté, un médecin ne pourrait pas se faire rapidement une bonne clientèle, si les patients, *au lieu de prendre tant de soin à dissimuler leur mal, voulaient bien laisser sonder leurs plaies et ausculter leur intérieur.*

Un jour que j'allais voir un homme qui ne manquait pas d'esprit, je le trouvai un livre à la main. — Je lisais, me dit-il, un livre qui me plaît beaucoup; il a été écrit par un homme qui joint à un grand cœur beaucoup d'esprit. Quelles nobles pensées ! Quels sentiments élevés ! Le livre a pour titre : LES MALADIES DES PASSIONS, et pour auteur le docteur D. — Mais le docteur D. habite un lieu où je vais souvent; je le connais. — Alors, me dit mon ami, vous êtes heureux d'avoir un tel voisin.

A cette époque j'allais souvent à C.; mais je n'y habitais pas. J'ai connu le docteur D.; mais je n'ai pas eu le bonheur d'avoir avec lui ces relations qui nous introduisent dans l'esprit d'un homme.

Plus favorisée que moi, Mme L. G. a pu être en rapports suivis avec M. D. Par ce contact, elle a appris à porter une appréciation très judicieuse sur les produits littéraires, et sa conversation en a tiré un attrait qui m'a souvent charmé.

On voit, par ce court et rapide exposé, comment j'ai été mis à portée de découvrir cette belle et grande âme, ce noble cœur, et comment encore j'ai été appelé à vouer à cette femme si distinguée l'amitié la plus pure, la plus sincère, et mon respect le plus profond. Je me suis efforcé de me rendre moi-même digne de son estime et de son amitié.

La modestie de Mme L. G. aura à souffrir de cette notice, mais celui qui se charge de flétrir les hontes et les turpitudes de son siècle doit avoir le droit de reposer son esprit sur les actes de courage, de vertu, de bienfaisance, de dévouement et d'honneur qui se présentent à sa vue. Cette compensation a dû être prévue par Azaïs.

Si j'étais seul et sans parents sur cette terre, je n'adresserais qu'une prière à cette femme de bien, celle de poser sur ma tombe une modeste croix de bois, et, pour oraison funèbre, de laisser tomber deux larmes de ses yeux.

Nous avons fait l'esquisse des vertus et des beautés de la femme de l'Evangile, que nous prenons pour type de tout ce qui est grand, noble et beau.

Nous avons encore à l'étude de grandes et nobles figures, de beaux et purs caractères de femmes; si le temps ne nous manque pas, nous ferons une galerie complète de leurs portraits ; nous mettrons en demeure les libres-penseurs et nos éducateurs, sinon corrupteurs de l'enfance, d'en faire autant ; nous soumettrons les œuvres qui découlent de leurs doctrines et des nôtres à l'appréciation des hommes justes, impartiaux et honnêtes ; et avec l'aide et le soutien de ces femmes sublimes que nous admirons, nous continuerons avec persévérance la guerre aux abus et la correction fraternelle du mal par le bien.

Ah ! si nous avions 40 ans d'âge en moins, si nous avions la mâle et puissante éloquence de saint Bernard, nous appellerions toutes les femmes de France à une croisade contre ces hommes pervers, néfastes, qui font tous leurs efforts pour avilir, corrompre et abrutir ces petites créatures dont la pureté fait nos délices. Nous leur redirions ce passage charmant d'un de ses discours sur le mystère de Dieu enfant : « Garde-« toi de fuir, garde-toi de trembler, ô homme, Dieu « ne vient pas armé, il ne te cherche pas pour te pu-« nir, mais pour te délivrer ; le voilà enfant et sans « voix, et si ses vagissements doivent faire trembler « quelqu'un, ce n'est pas toi. Il s'est fait tout petit, et « la Vierge, sa mère, enveloppe de langes ses membres « délicats, et tu trembles encore de frayeur. »

Eh quoi ! femmes chrétiennes, des hommes cruels et inhumains viendraient vous enlever vos fils et vos filles pour les corrompre, les avilir, pour en faire les instruments de leurs mauvaises passions, de leur lubricité, et vous ne vous ligueriez pas pour arrêter tous ces débordements ? Lisez ce qu'a dit et écrit un juif, l'apôtre et le promoteur du divorce, pour arriver à briser les liens sacrés qui unissaient jadis les époux, et glorifier la prostitution dans un pays que la sainteté du mariage avait contribué à faire si grand ; un juif seul a pu écrire : « Le mariage est une institution essentielle-« ment tyrannique et attentatoire à la liberté de « l'homme, la cause de la dégénérescence de l'esprit « humain ; c'est une institution génératrice du vice, « de la misère et du mal ; il faut lui préférer le concu-« binage et l'union libre, sans l'intervention de l'auto-« rité, sans consécration religieuse et légale (*Religion,* « *famille, propriété,* pages 110 à 114). » *Et c'est sur de pareils considérants* qu'une semblable loi a pu *être adoptée et votée.*

Prenons entre mille un exemple des conséquences de cette loi : un homme se marie et encaisse la dot que lui apporte sa femme ; il tient une concubine même dans la maison maritale, ou au vu au et su de tout le monde, et la femme légitime se trouve dans l'alternative de dévorer son affront en silence ou de demander le divorce, qu'elle obtiendra facilement, avec le déshonneur de ses enfants, si elle en a, et le plus souvent avec la dot en moins, dilapidée en libertinage.

Ecoutez les rugissements de la lionne à laquelle on a enlevé ses petits. Tous les échos répètent sa douleur. Malheur au ravisseur qui tomberait sous sa dent.

Voyez la poule, faible et timide, au moment du danger réunir ses poussins sous ses ailes et les défendre contre toute agression.

La nature entière vous invite, ô mères chrétiennes, à donner tous vos soins à vos enfants. Dieu, par la voix de son Fils bien-aimé, vous y convie ; il veut les rendre bons, charitables, sociables, accessibles à toutes les infortunes, compatissants à toutes les misères, probes, honnêtes, vertueux.

« Pour moi, disait encore saint Bernard, j'écoute les « prophètes et les apôtres, j'obéis à l'Evangile. Et si un « ange venait du ciel pour nous enseigner le contraire, « anathème sur cet ange lui-même. »

Comment résisteriez-vous à ces appels réitérés et bienveillants ? Apportez à cette ligue du bien public vos forces, vos ressources matérielles et morales. La victoire couronnera vos efforts, votre conscience sera satisfaite.

Où est le bonheur

Tous nous vœux, tous nos désirs, toutes nos pensées nous portent vers le bonheur, et tous nos vices, tous nos défauts nous en éloignent.

La famille est le germe de l'Etat. Heureuse et bien ordonnée, elle amène dans l'Etat l'ordre et le bonheur. Que c'est agréable et touchant la vie d'une maison simple et bien réglée où règne l'ordre, la paix et l'innocence ! Un honnête homme n'aura pas de meilleur ami que sa femme. Emile Augier a dit :

Ah ! je n'ai jamais rien rencontré d'aussi beau
Qu'une femme dont l'âme immaculée et pure
Du vice environnant a défié l'injure.

La femme qui s'estime plus pour les qualités de son âme ou de son esprit que pour sa beauté est supérieure à son siècle. La société, la Providence même n'a permis qu'un seul bonheur aux femmes, l'amour dans le mariage, a dit Mme de Staël. L'amour, qui n'est qu'un épisode dans la vie des hommes, est l'histoire entière de la vie de la femme. L'amour de la femme répand une douce rosée sur tous ceux qui l'entourent; elle anime, elle illumine, elle réjouit tout ce qui la touche. Jamais l'enfant n'oublie les enseignements de sa mère. Entraîné par le tourbillon des affaires, les exigences de la défense de la patrie, les expéditions lointaines, au moment des grands dangers il a conservé bien vive la mémoire de sa mère, son dernier soupir est pour sa mère, sa dernière parole est la prière à la Vierge que cette mère chérie lui a appris à bégayer, heureux encore quand, par une circonstance imprévue, c'est une femme, une sœur de charité qui vient lui fermer les yeux.

Oui, la femme est l'ange gardien de la famille ; c'est elle qui y apporte le bonheur. Elle est la consolatrice des affligés, *consolatrix afflictorum.*

En élevant le mariage à la dignité d'un sacrement, Jésus-Christ nous a montré la grande figure de son union avec l'Eglise. Elevons donc la femme dans les maximes, les doctrines et les vertus de l'épouse du Christ, et il en découlera pour l'humanité un bien incommensurable. C'est l'éducation qui fait les mœurs domestiques, c'est par les mœurs que l'on préfère ce qui est honnête à ce qui n'est que juste et ce qui est juste à ce qui n'est qu'utile. L'éducation que l'on donne à un jeune homme a pour but de lui former le cœur, le jugement et l'esprit. Nous recevons trois éducations différentes : celle de nos pères, celle de nos maîtres et celle du monde. Le père de famille doit se pénétrer de cette pensée, que la foi est le seul point qui peut fixer l'esprit humain, que l'esprit de famille est la seconde âme de l'humanité, et que l'esprit de société, dans nos grandes villes, étouffe trop souvent l'esprit de famille. Ce sont les mœurs seules qui assurent la tranquillité, la stabilité et la durée des empires et tous les biens qui en découlent. Ne nous faisons pas trop d'illusions sur notre destinée. Rappelons-nous que nous naissons dans la douleur, que notre vie est un travail continu, et que notre mort est une nécessité. Tenons-nous donc prêts à accepter tous les événements, nous faire tout à tous, pleurer avec ceux qui pleurent, nous réjouir avec ceux qui sont dans la joie, venir en aide à ceux qui sont dans le besoin, prendre le parti des opprimés contre les oppresseurs, faire le bien, éviter le mal, savoir nous modérer dans nos goûts et dans nos plaisirs, élever nos âmes au-dessus des préjugés et des opinions qui ne s'appuient pas sur la raison, le bon sens et la justice. Les passions sont la voix du corps, la conscience est la voix de l'âme. Celui-là seul peut espérer le bonheur qui a le cœur pur et l'âme tranquille. Nul ne peut être heureux s'il ne jouit de sa propre estime. Dans le monde, on est toujours trop disposé à sacrifier l'estime des honnêtes gens à la considération et le repos à la célébrité. Cherchons sincèrement les vertus, ne donnons rien aux droits de naissance. La noblesse vient de la vertu.

Dieu a voulu faire de la vie une épreuve. C'est un combat continu dont la palme est aux cieux. Nous ne vivons jamais, nous attendons la vie.

Si la mort cruelle vient nous frapper dans nos plus pures et chères affections, rappelons-nous ces paroles du Christ qui ne peut nous tromper : « Heureux ceux « qui pleurent, parce qu'ils seront consolés. »

Chez les grands et les gens riches, a dit Jean-Jacques Rousseau, « la bienséance, les modes, les usages « qui dérivent du luxe, du bel air, de l'orgueil ou de « la vanité, renferment le cours de la vie dans la plus « maussade uniformité. Le plaisir qu'on veut avoir « aux yeux des autres est perdu pour tout le monde. « On ne l'a ni pour eux ni pour soi. Deux femmes « du monde, pour avoir l'air de s'amuser beaucoup, « se font une loi de ne jamais se coucher qu'à cinq « heures du matin. Dans la rigueur de l'hiver, leurs « gens passent la nuit dans la rue à les attendre, fort « embarrassés à se garantir d'être gelés. On entre un « soir, ou, pour mieux dire, un matin, dans l'appar- « tement de ces personnes si amusées, laissant couler « les heures sans les compter. On les trouve exacte- « ment seules, dormant chacune dans son fauteuil.

« Le ridicule, que l'opinion redoute sur toute chose, « est toujours à côté d'elle pour la tyranniser et pour

« la punir. On n'est jamais ridicule que par des formes « déterminées. Celui qui sait varier ses situations et « ses plaisirs efface aujourd'hui l'impression d'hier ; « il est comme nul dans l'esprit des hommes, mais il « jouit, car il est tout entier à chaque heure et à « chaque chose. Ma seule forme constante serait celle-« là. Dans chaque situation je ne m'occuperais d'au-« cune autre, et je prendrais chaque jour en lui-même « comme indépendant de la veille et du lendemain. « Comme je serais peuple avec le peuple, je serais « campagnard aux champs, et quand je parlerais agri-« culture, le paysan ne se moquerait pas de moi. Je « n'irais pas me bâtir une ville en campagne, et mettre « au fond d'une province les tuileries devant mon « appartement. Sur le penchant de quelque agréable « colline bien ombragée, j'aurais une petite maison « rustique, une maison blanche avec des contrevents « verts ; et quoique une couverture de chaume soit en « toute saison la meilleure, je préférerais magnifique-« ment non la triste ardoise, mais la tuile, parce qu'elle « a l'air plus propre et plus gai que le chaume, qu'on « ne couvre pas autrement les maisons dans mon « pays et que cela me rappellerait un peu l'heureux « temps de ma jeunesse. J'aurais pour cour une basse-« cour et pour écurie une étable, avec des vaches pour « avoir du laitage que j'aime beaucoup ; j'aurais un « potager pour jardin, et pour parc un joli verger sem-« blable à celui dont il sera parlé ci-après. Les fruits, « à la discrétion des promeneurs, ne seraient ni « comptés ni cueillis par mon jardinier, et mon avare « magnificence n'étalerait pas aux yeux des espaliers « superbes auxquels à peine on osât toucher. Or, cette « petite prodigalité serait peu coûteuse parce que j'au-« rais choisi mon asile dans quelque province éloignée, « où l'on voit peu d'argent et beaucoup de denrées, et « où règnent l'abondance et la pauvreté.

« Là je rassemblerais une société, plus choisie que « nombreuse, d'amis aimant le plaisir et s'y connais-« sant, de femmes qui pussent sortir de leurs fau-« teuils et se prêter aux joies champêtres, prendre « quelquefois, au lieu de la navette et des cartes, la « ligne, les gluaux, le râteau des faneuses et le panier « des vendangeurs. Là tous les airs de la ville seraient « oubliés, et, devenus villageois au village, nous nous

« trouverions mêlés à une foule d'amusements divers « qui ne nous donneraient chaque soir que l'embarras « du choix pour le lendemain. L'exercice et la vie « active nous donneraient un nouvel estomac et de « nouveaux goûts. Tous nos repas seraient des festins « où l'abondance plairait plus que la délicatesse. La « gaîté, les travaux rustiques, les folâtres jeux sont « les premiers cuisiniers du monde, et les ragoûts « fins sont bien ridicules à des gens en haleine depuis « le lever du soleil. Le service n'aurait pas plus d'ordre « que d'élégance. La salle à manger serait partout, dans « le jardin, dans un bateau, sous un arbre, quelquefois « au loin, près d'une source vive, sur l'herbe verdo- « yante et fraîche, sous des touffes d'aunes et de cou- « driers. Une longue procession de gais convives porte- « rait en chantant l'apprêt du festin. On aurait le gazon « pour table et pour chaises ; les bords de la fontaine « serviraient de buffet et le dessert pendrait aux arbres. « Les mets seraient servis sans ordre ; l'appétit dispen- « serait des façons. Chacun se préférant ouvertement « à tout autre, trouverait bien que tout autre se préfé- « rât à lui-même. De cette familiarité cordiale et mo- « dérée naîtrait, sans grossièreté, sans fausseté, sans « contrainte, un conflit badin plus charmant cent fois « que la politesse, et plus fait pour lier les cœurs.

« Point d'importun laquais épiant nos discours, « critiquant tout bas nos maintiens, comptant nos « morceaux d'un œil avide, s'amusant à nous faire « attendre à boire et murmurant d'un trop long dîner. « Nous serions nos valets pour être nos maîtres ; cha- « cun serait servi par tous ; le temps passerait sans « le compter, le repas serait le repos et durerait au- « tant que l'ardeur du jour. S'il passait près de nous « quelque paysan allant au travail, son outil sur « l'épaule, je lui réjouirais le cœur par quelque bon « propos, par quelques coups de bon vin qui lui « feraient porter plus gaiement sa misère, et moi j'au- « rais aussi le plaisir de me laisser émouvoir un peu « les entrailles et de me dire en secret : je suis encore « homme.

« Si quelque fête champêtre rassemblait les habi- « tants du lieu, j'y serais des premiers avec ma troupe. « Si quelque mariage, plus béni du ciel que ceux « des villes, se faisait à mon voisinage, on saurait

« que j'aime la joie et j'y serais invité. Je porterais à « ces bonnes gens quelques dons simples comme eux, « qui contribueraient à la fête, et j'y trouverais en « échange des biens d'un prix inestimable, si peu « connus de mes égaux, la franchise et le vrai plaisir. « Je souperais gaiement au bout de leur longue table. « J'y ferais chorus au refrain d'une vieille chanson « rustique, et je danserais dans leur grange de meil- « leur cœur qu'au bal de l'Opéra. »

Un Livre nouveau

J'aime les morts. Tel est le titre de ce livre qui, au premier abord, peut paraître insolite, bizarre, fantastique, et qui, vu de près, n'est peut-être pas sans charmes ni sans attraits. Nous le devons à la plume de M. A. de G., et il nous a été révélé par M. Barbey d'Aurevilly, le savant et éminent critique du journal *Le Pays*, que la mort a enlevé récemment aux lettres. Nous n'avons pas lu le livre, nous n'en connaissons ni le but ni les tendances. Nous allons l'examiner tel que nous le pressentons, avec nos faibles lumières, au point de vue chrétien et spiritualiste, et au point de vue matériel et athée.

Envisageons-le d'abord par le côté qui a nos prédilections. Nous qui avons eu le bonheur d'être élevé dans la religion chrétienne, qui aimons tout ce qui est grand, noble et beau, qui croyons à l'immortalité de l'âme, qui attendons les récompenses promises à ceux qui font le bien, nous qui avons aimé, estimé, admiré des femmes, des hommes, pendant leur vie, à cause de leurs mérites, de leurs vertus, de la beauté de leurs grandes âmes, ne les aimerions-nous pas après leur mort? Ils ne sont plus. Ils manquent à notre affection. Un grand vide s'est fait dans nos cœurs, leur souvenir nous étreint, nous enveloppe comme un cercle de fer; nous les appelons, nous les cherchons en vain; nous sommes donc obligés de porter nos affections dans la mort.

Oui, aimons les morts. Nous retrouverons là-haut, au ciel, tous ceux qui ont mérité notre affection sur la terre.

Nous y retrouverons cette mère qui nous a enfanté dans la douleur, qui nous a nourri de son lait, qui, la première, nous a appris à bégayer le nom du Christ rédempteur, et le doux nom de sa mère, la vierge Marie.

Nous y trouverons ce père vénéré qui a corroboré notre éducation civile et religieuse, qui par sa vie de travail et de pénible labeur a pourvu largement à toutes les nécessités de notre vie passée et nous a ménagé un pécule pour nous aider à parer aux besoins de l'avenir.

Nous y trouverons ces dignes et savants maîtres qui ont complété notre éducation et notre instruction morale et intellectuelle par leurs méthodes si pures et si élevées.

Nous y trouverons cet époux aimé, cette épouse chérie qui ont partagé nos bons comme nos mauvais jours avec tant d'affection, d'amour et de dévouement.

Enfin, nous trouverons à ce rendez-vous nos parents, nos amis, toutes les grandes âmes qui ont partagé nos idées, nos croyances, nos convictions pour tout ce qui agrandit et ennoblit la nature humaine.

Maintenant, si nous pénétrons dans le vif d'un siècle où l'on s'efforce de matérialiser cette âme dont on nie l'immortalité, et d'ôter toute moralité aux sentiments humains, que devient le culte des morts? Il ne nous reste plus que le néant, et de ceux que nous avons aimés il ne reste plus qu'un détritus sans nom.

Nous voulions faire le tableau d'une manière aussi atténuée que possible *du désordre des sens, de l'esprit, des idées, des hontes, des infamies, des crimes même* d'un peuple athée et de la désorganisation qui en résulte pour le corps politique de l'État, mais nous nous en abstiendrons, dans la crainte que si cette peinture tombait sous les yeux de personnes au cœur droit, à l'âme pure, auxquelles les sentiments bas et vicieux sont et doivent rester inconnus, elles n'en soient scandalisées et ne nous appliquent à nous-même le jugement que portait Mme de Lafayette quand, après avoir lu les maximes du duc de La Rochefoucauld, elle disait à Mme du Sablé : « Ah ! Madame, quelle corruption il faut avoir dans l'esprit et dans le cœur pour écrire tout cela ! » La Rochefoucauld, qui, lui aussi, s'était trouvé mêlé aux intrigues et aux révolutions de son temps, avait pu juger les hommes qui s'y étaient trouvés mêlés et y avaient pris part.

Nous ajouterons à ce court récit un petit épisode qui en fera le complément. Nous avons appris d'une manière un peu indirecte que l'auteur du livre *J'aime les morts*, que nous ne connaissons que de nom, et qui est aussi habile sculpteur qu'il est brillant poète, travaillait à une œuvre qu'il intitule *un Trésor de douleurs*. Ainsi que nous l'avions pressenti, c'est une femme pieusement agenouillée, la figure inclinée, et versant des larmes sur une urne renfermant les cendres de l'homme qu'elle aimait. Notre désir serait que cette femme ainsi représentée fût sainte Monique, la mère du grand saint Augustin, pleurant sur les restes mortels de Patrice, son mari, qu'elle a converti au christianisme, et que pour pendant à cette statue on élevât celle de Marie-Madeleine pleurant et détestant ses fautes, avec le ferme propos bien accentué de ne plus les commettre. Ce serait la reproduction du miracle que la religion chrétienne pouvait seule opérer en faisant deux sœurs *de l'innocence* et *du repentir*. Pour un homme de génie, ce serait un autre chef-d'œuvre à ajouter au bilan de l'esprit chrétien.

Pour nous qui écrivons ces lignes, le jour est proche, il est arrivé, où nous allons être appelé devant le souverain Juge, et revoir, nous l'espérons, ces morts que nous avons tant aimés. Rien ne nous retient plus ici-bas. Nous avons fait pour les nôtres tout ce que le devoir et l'affection nous imposaient. Nous ne vivons plus que dans le souvenir du passé et dans l'espérance de l'avenir. Le présent qui nous reste, employons-le à purifier notre âme, dussions-nous boire le calice d'amertume jusqu'à la lie. C'est dans ces pensées, répétons-le, que nous pouvons dire : Seigneur, que votre volonté soit faite.

Devoirs envers Dieu, envers le prochain, envers la patrie.

La vie intime, la vie de famille ne doit pas absorber tout notre temps, tous nos loisirs. Nous nous devons aussi à Dieu, à nos semblables, à notre patrie. C'est à ce point de vue que nous consacrerons quelques études *sur le gouvernement de notre pays*, *l'éducation*, *la religion*, et *les hommes qui ont traité ces questions*. La religion occupera une large place dans nos préoccupations, parce que nous la regardons comme la sauvegarde des bonnes mœurs, qui sont la meilleure garantie de la tranquillité et de la stabilité des empires. De ce côté, nous aurons de nombreux et puissants contradicteurs ; mais nous aurons pour nous la logique des faits et de l'histoire du passé. Cela nous suffit.

Les philosophes du dix-huitième siècle.

Notre attention s'est d'abord portée sur les écrits des philosophes du dix-huitième siècle.

Voltaire, le chef de tous, à l'esprit fin, délié, universel, s'occupant peu de la liberté politique et des droits des peuples, desquels il se tenait à distance ensuite de ses relations princières, éminemment sarcastique, avec l'abbé Morellet pour porte-voix, et qu'il lançait sur ceux qui lui déplaisaient en l'appelant par allusion Mords-les. Venaient à sa suite : Diderot, d'Alembert, Grimm, le baron d'Holbach et autres. Mais leurs doctrines ne pouvaient remplir mon âme. Ces hommes qui paraissaient ne vouloir que détruire le fanatisme, la superstition, les abus de toutes sortes reprochés à la royauté et à la religion spécialement, et, sous l'apparence d'un déisme couvrant l'athéisme, apportaient la destruction de toute morale, par suite de toute société, et préparaient l'avenir de ce que l'on appelle libre pensée, non pas pensée libre, se mouvant dans l'espace immense livré à l'esprit humain, mais pensée bornée, préconçue, enfermée dans un cercle de fer. Dans les réunions de ces savants, de ces réformateurs du genre humain, « il se disait des choses, a écrit avec une admirable candeur l'abbé Morellet, leur secrétaire intime, à faire tomber cent fois le tonnerre sur la maison s'il tombait pour cela. »

Bien autre est la philosophie chrétienne. Elle est le meilleur secours contre les accidents de la vie. C'est la connaissance de Dieu qui divinise et moralise l'homme. *Le matérialisme abstrait est le devancier du matérialisme brutal et destructeur*. Des sophismes et des hérésies sont sortis tous les maux qui ont désolé le monde, depuis l'arianisme qui ensanglanta les conciles jusqu'au philosophisme de ce siècle. La liberté illimitée de la presse est un libertinage d'esprit qui enlève chaque matin à la société française sa force intellectuelle et morale. La liberté de publier ses pensées est, dira-t-on, le droit naturel du citoyen. Mais dans l'état social la liberté naturelle est restreinte par les conventions établies pour l'utilité commune. Autant il serait à craindre que la liberté fût sans frein, autant il serait dangereux que la liberté fût sans bornes.

Vauvenargues est un de nos plus célèbres moralistes, un des plus ignorés, et dont les écrits devraient être dans toutes les bibliothèques des personnes bien pensantes. Moraliste franc, droit, élevé, doué de toutes les qualités du cœur et de l'esprit, on ne trouve point de livre plus capable de former une âme bien née et digne d'être instruite, disait Voltaire, peu susceptible d'affection passionnée, aussi eut-il de grands admirateurs. L'affabilité de l'ami faisait aimer la supériorité du maître. A l'âge de 25 ans, il avait la vraie philosophie et la vraie éloquence. En le lisant, disait Marmontel, je crois encore l'entendre, et je ne sais si sa conversation n'avait pas quelque chose de plus animé, de plus délicat que ses divins écrits. « Il a, dit Vapereau, rajeuni l'étude morale de l'homme non par « une haute supériorité de génie, mais par cette douce « persuasion inhérente aux émotions profondes et « vraies. Il y a plusieurs de ses maximes qui pour- « raient servir d'épigraphe à tout le livre et qui en « sont comme la clef. Telles sont les suivantes : « Les « grandes pensées viennent du cœur. La bonne foi « est la clarté des philosophes. Faisons généreuse- « ment et sans compter. C'est le bien qui tente nos « cœurs. On ne peut être dupe d'aucune vertu. »

Vauvenargues ne tient aux philosophes de son temps que par la liberté de la pensée ; il s'en sépare par le caractère de sa pensée profondément morale et religieuse, sa raison est toujours aussi supérieure que son cœur est sensible. Trompé lui-même dans ses nobles rêves et condamné à l'inaction par la souffrance et les obstacles de la vie, il invite et pousse à l'action, et il place à la fois le bonheur et la perfection de l'homme dans l'application dévouée de nos facultés intellectuelles et morales à des objets dignes d'elle.

Le style de Vauvenargues est ordinairement et généralement simple et clair, et prend de temps en temps une grâce et un charme incomparables. La faiblesse de sa santé ne lui permit pas de continuer la carrière qu'il avait embrassée. Il fit d'inutiles démarches pour entrer dans la diplomatie, pour y introduire, s'il était possible, la droiture et la franchise pour la suprême habileté. Il mourut en philosophe chrétien, il n'avait que trente-deux ans.

Si Voltaire et Rousseau s'étaient inspirés de l'âme grande, noble et éminemment chrétienne de Vauvenargues, la civilisation, au lieu d'être exposée à rétrograder, eût fait un pas immense en avant.

Calvin (1509-1564).

Ensuite de l'influence que Calvin a exercée sur les destinées des peuples et qu'il exerce encore, nous lui devons une place dans notre revue.

Esprit autoritaire, doctrinal, sombre, cruel, inexorable, il fait bannir de Genève ses adversaires Castalin, Bols, ainsi que Amiel Perrin et Berthelier, chefs de l'opposition politique, fait brûler vif Michel Servet. Ses partisans, unis aux seigneurs mécontents et dirigés par les Bourbons, soutiennent contre les rois et les catholiques huit guerres civiles, qui ne prennent fin qu'à la suite de divers traités, dont le dernier, en date de 1598, appelé l'Edit de Nantes, donné par Henri IV, leur accorde la liberté de conscience et de culte. Mais Louis XIV révoqua l'édit de Nantes en 1685, motivé par les excès du protestantisme. Les protestants perdirent leurs libertés et même leur état civil. Beaucoup émigrèrent. Les persécutions suscitèrent les guerres des Cévennes ou des Camisards. Louis XVI leur rendit leurs droits civils en 1788. Calvin était devenu le chef de la secte qui prit le nom de calviniste et plus tard celui de protestante.

Plus radical que Luther, il abolit toute hiérarchie, tout intermédiaire entre Dieu et l'homme, même les bonnes œuvres ; suivant lui la justification de l'homme est toute en Jésus-Christ ; il rejette la messe, la présence réelle, l'invocation des saints ; il affirme la prédestination absolue, ce dogme terrible par lequel, suivant certains docteurs, Dieu a réglé d'avance que tels hommes seraient sauvés, ce qui enlève à l'homme son libre arbitre et le laisse sous le poids de la fatalité. Il proscrit, pour ainsi dire, tout culte extérieur. Sa doctrine est sombre, impitoyable. Comme écrivain français, sa langue est ferme, sévère et vigoureuse. Comme saint Jean a été le précurseur du Christ, Calvin sera le précurseur de Jean-Jacques Rousseau.

Religion

Ecrivons avec notre conscience, en présence de Dieu, dans l'intérêt de l'humanité.

Dans un mémoire que nous avons adressé, en 1863, à la Société d'émulation et d'encouragement de l'Ain, sur un projet d'organisation, dans toutes les communes de France, d'une société d'assurances mutuelles et d'une caisse de prévoyance comprenant tous les citoyens, sous le patronage et avec l'aide des municipalités et des notables par le savoir et la fortune, mémoire reproduit ci-devant en entier, nous avons traité incidemment la question de la religion que nous regardons à bon droit, sans exception de croyances, comme l'égide et le palladium de toutes sociétés bien ordonnées.

Aujourd'hui, nous nous proposons d'envisager cette question sous toutes ses formes, en apportant et discutant les raisons pour et contre que les philosophes et les savants nous apportent sur ce sujet.

Partisan sincère de la liberté de conscience, nous avons en horreur les lois qui voudraient la circonscrire dans des bornes infranchissables. La conscience atteste la liberté. Par elle l'homme se voit, se sait libre ; il apprécie la valeur morale de ses pensées, de ses actes, de ceux d'autrui. *Persuadez-le, ne le contraignez pas.* La conscience est la voix de l'âme. L'existence de Dieu est révélée aux hommes *par intuition*. Nos passions, nos vices, nos défauts, nous éloignent du juste et du bien et nous poussent à l'injuste et au mal. La religion nous y ramène. Il faut qu'il y ait entre tous les hommes une société de culte de Dieu. C'est ce que l'on nomme religion. Les obligations de l'homme envers Dieu, voilà la religion. Toute religion qui se bornerait à de purs dehors et qui ne réglerait pas le cœur et les affections serait indigne de l'Être suprême. *Le christianisme est la fin des religions, avec lui toute religion est consommée.*

La religion a sur le monde intellectuel l'influence que le soleil a sur le monde matériel : elle l'illumine, l'anime, l'élève, le vivifie et l'adoucit.

Hobbes, pour parer au mal qu'il prévoit, propose de réunir les deux têtes de l'aigle (celle du prêtre et celle de l'État), et de tout ramener à l'unité politique, sans laquelle jamais État ne sera bien gouverné.

Montesquieu combat « ce système terrible qui, fai- « sant dépendre toutes les vertus et tous les vices de « l'établissement des lois que les hommes se sont « faites, et voulant prouver que les hommes naissent « tous en état de guerre, et que la première loi natu- « relle est la guerre de tous contre tous, renverse, « comme Spinosa, et toute morale et toute religion. « Sur cela l'auteur établit qu'il y avait des lois de jus- « tice et d'équité avant l'établissement des lois posi- « tives.

« Interprète et admirateur de l'instinct social, Mon- « tesquieu n'a pas craint d'avancer que l'état de « guerre commence pour l'homme à l'état de société, « mais de cette vérité désolante, dont Hobbes avait « abusé pour vanter le calme du despotisme et Rous- « seau pour célébrer l'état de la vie sauvage, le véri- « table philosophe fait naître la nécessité salutaire des « lois qui sont un armistice entre les Etats et un traité « de paix perpétuelle entre les citoyens. »

Bayle (1647-1706), qui était un célèbre érudit, il faut le reconnaître, après avoir insulté toutes les religions, flétrit la religion chrétienne. Un Etat ne peut subsister avec elle. Pourquoi non ? « *Les chrétiens vé- « ritables seraient des citoyens* infiniment éclairés sur « leurs devoirs, et qui auraient un très grand zèle « pour les remplir ; ils sentiraient très bien les droits « de la défense naturelle ; plus ils croiraient devoir à « la patrie, les principes du christianisme bien gra- « vés dans le cœur seraient infiniment plus forts que « ce faux honneur des monarchies, ces vertus humai- « nes des républiques et cette crainte servile des « Etats despotiques ; il est étonnant que ce grand « homme n'ait pas su distinguer les ordres pour

« l'établissement du christianisme d'avec le christia-
« nisme même, et qu'on puisse lui imputer d'avoir
« méconnu l'esprit de sa propre religion.

« La religion chrétienne que, dans la vivacité de sa
« jeunesse et dans la politique légère de son premier
« ouvrage, *Montesquieu* avait trop peu respectée, par-
« tout dans l'*Esprit des lois*, il la célèbre et la révère.
« *C'est que maintenant il veut construire l'édifice so-*
« *cial et qu'il a besoin d'une colonne pour le soutenir.*
« Sa pensée s'est agrandie comme sa tâche. S'il com-
« bat le sophisme d'un incrédule fameux, la calomnie
« qu'il repousse avant toutes les autres, c'est l'idée que
« la religion chrétienne n'est pas propre à former des
« citoyens ; il croit, au contraire, qu'elle était particu-
« lièrement la protectrice des monarchies tempérées ;
« il la voulait, il la concevait amie de la liberté
« comme des lois, n'imaginant pas sans doute que ce
« qu'il y a de plus grand, de plus noble sur la terre,
« puisse s'accorder avec un présent du ciel. La reli-
« gion, malgré sa sublime origine, par l'extrémité qui
« touche aux choses humaines, doit éprouver comme
« elles des vicissitudes et des retours ; mais elle est le
« premier gage de la civilisation moderne qui, en
« s'unissant à sa divine existence, partage la garantie
« de sa durée et semble échapper à la loi commune de
« mortalité des empires.

« Dieu nous appelle à lui par les lois de la religion,
« lois qui s'imposent à nous par l'amour et non par la
« contrainte. Quel est l'homme qui, s'il n'est pas
« perdu, noyé dans le vice, n'aime pas, n'admire pas
« cette religion chrétienne ?

« *La religion chrétienne, qui ordonne aux hommes*
« *de s'aimer comme des frères, de se soulager mutuel-*
« *lement dans les besoins de la vie*, veut les meilleures
« lois civiles et politiques, parce qu'elles sont, après
« elle, le plus grand bien que les hommes puissent
« recevoir et donner. On peut dire que celui qui
« craint la religion et qui la hait, est comme les
« bêtes sauvages qui mordent la chaîne qui les empê-
« che de se jeter sur ceux qui passent. Celui qui n'a
« point du tout de religion est cet animal terrible qui
« ne sent la liberté que lorsqu'il déchire et qu'il dé-
« vore. Chose admirable, la religion chrétienne, qui ne
« semble avoir d'objet que la félicité de l'autre vie, fait

« encore notre bonheur en celle-ci. On doit sans exa-
« men embrasser la religion chrétienne et rejeter les
« autres. »

Descartes est bien propre à rassurer ceux qui, *avec un génie bien moindre que le sien,* ont d'aussi bonnes intentions que lui. Ce grand homme fut sans cesse accusé *d'athéisme* et l'on n'emploie pas aujourd'hui *contre les athées* de plus forts arguments que les siens.

Victor Hugo.

Le grand poète, le puissant écrivain que nous avons loué, admiré, divinisé, Victor Hugo enfin, nous avait devancé dans nos préoccupations, lorsque, dans toute la force de son âge (1850) et la maturité de son génie, alors que les grandes facultés de son intelligence n'étaient pas encore obscurcies par l'orgueil et la sénilité, il écrivait en 1850 :

« L'enseignement religieux est, selon moi, plus néces-
« saire *aujourd'hui que jamais.* Plus l'homme grandit,
« plus il doit croire. Il y a un malheur dans notre
« temps, je dirai il n'y a qu'un seul malheur : c'est une
« certaine tendance à mettre tout dans cette vie. En
« donnant à l'homme pour fin et pour but la vie ma-
« térielle, la vie terrestre, on aggrave toutes les misères
« par la négation qui est au bout ; on ajoute à l'acca-
« blement des malheureux, le poids insupportable
« du néant, et de ce qui n'est que la souffrance, c'est-
« à-dire une loi de Dieu, on fait le désespoir.

« *De là de profondes convulsions sociales* (nous sou-
« lignons ces mots parce qu'ils sont une prophétie
« qui, suivant nous, ne tardera pas à se réaliser).
« Certes, je désire améliorer dans cette vie le sort de
« ceux qui souffrent. Mais, je n'oublie pas que la
« première des améliorations c'est de leur donner
« l'espérance. Quant à moi, j'y crois profondément, à
« ce monde meilleur, et, je le déclare, *c'est la su-*
« *prême certitude de ma raison* comme *c'est la su-*
« *prême joie de mon âme.* »

Nous croyons avoir dit ailleurs que quand les mœurs publiques s'en vont, l'édifice social est bien près de sa chute. C'est la morale qui fait les mœurs, c'est la religion qui fait la morale; si la religion fait défaut, l'édifice social périt par sa base.

Rousseau J.-J.

Nous avons à apprécier Rousseau comme philosophe, comme politique et comme peintre de la nature. Pour le moment nous ne l'envisagerons que comme philosophe. A l'encontre de Bayle il veut bien reconnaître qu'aucun Etat n'a été fondé sans religion. Nous ne parlerons que pour mémoire des religions des peuples primitifs, appropriées aux races, au climat, aux mœurs de ceux qui les pratiquaient et auxquelles on peut donner le nom de droit divin, civil et positif. Nous ne nous occuperons que de la religion catholique.

Rousseau, imbu des doctrines de Calvin, né et élevé dans la religion protestante, qui doute, examine, tue les croyances et conduit à l'athéisme, imprégné des idées de cet esprit français qui se prête admirablement au pour et au contre, Rousseau, disons-nous, en tacticien habile qui sait que pour régner il faut diviser, partage la religion chrétienne en deux parties ou deux tronçons: « la première, celle du christianisme ro« main, et la seconde, celle de l'homme. *La première,* « *tout à fait bizarre*, donnant aux hommes deux législa« tions, deux chefs, deux patries les soumet à des devoirs « contradictoires et les empêche à la fois d'être dévots « et citoyens. Il en résulte une sorte de droit mixte « et insociable qui n'a point de nom. Elle est telle« ment mauvaise que c'est perdre son temps de « s'amuser à le démontrer. Ce qui rompt l'unité « sociale ne vaut rien. La deuxième, sans autels, sans « temples, sans rites, bornée au culte purement inté« rieur du Dieu suprême et aux devoirs éternels de « la morale, est la simple et pure religion de l'Evan« gile, le vrai théisme, et ce qu'on peut appeler le « droit divin naturel. C'est la religion de l'homme « ou le christianisme, non pas celui d'aujourd'hui, « mais celui de l'Evangile, qui en est différent. « *Par cette religion* sainte, sublime, véritable, les « hommes, enfants du même Dieu, se reconnaissent « pour frères, et la société qui les unit ne se dissout « pas même à la mort.

« Mais, cette religion n'ayant nulle relation parti-
« culière avec le corps politique, laisse aux lois la
« seule force qu'elles tirent d'elles-mêmes, sans leur
« en ajouter aucune autre, et par là un des grands
« biens de la société particulière reste sans effet. Bien
« plus, loin d'attacher les cœurs des citoyens à
« l'Etat, elle les en détache comme de toutes les
« choses de la terre. Je ne connais rien de plus con-
« traire à l'état social.

« On nous dit qu'un peuple de vrais chrétiens for-
« merait la plus parfaite société que l'on puisse ima-
« giner. Je ne vois à cette supposition qu'une grande
« difficulté, c'est qu'une société de vrais chrétiens
« ne serait plus une société d'hommes.

« Je dis même que cette société supposée ne serait,
» avec toute sa perfection, ni la plus forte, ni la plus
« durable. A force d'être parfaite, elle manquerait de
« liaison, son vice destructeur serait dans sa perfection
« même.

« Chacun remplirait son devoir. Le peuple serait
« soumis aux lois. Les chefs seraient justes et modé-
« rés, les magistrats intègres, incorruptibles, les sol-
« dats mépriseraient la mort, il n'y aurait ni vanité
« ni luxe. Le tout est fort bien, mais voyons plus loin.

« Le chrétien n'est occupé que des choses du ciel,
« que lui importent les affaires de l'Etat? Si l'Etat est
« florissant, à peine ose-t-il jouir de la félicité pu-
« blique; si l'Etat périt, il bénit la main de Dieu
« qui s'appesantit sur le peuple. Survient-il une
« guerre étrangère, il marche sans peine au combat;
« il ne songe pas à fuir, il fait son devoir, mais sans
« passion pour la victoire. Il sait plutôt mourir que
« vaincre. Vainqueur ou vaincu, la Providence sait
« mieux que lui ce qu'il faut. Une république chré-
« tienne n'est pas possible. *Les vrais chrétiens sont*
« *faits pour être esclaves. Les troupes chrétiennes sont*
« *bonnes, dit-on. Je le nie. Je n'en connais point.*

« Pour que la société fût possible et que l'hamonie se
« maintînt, il faudrait que tous les citoyens, sans excep-
« tion, fussent également bons chrétiens; mais si mal-
« heureusement il se trouvait un seul ambitieux, un seul
« hypocrite, un Catilina, par exemple, un Cromwell,
« celui-là aurait certainement bon marché de ses pieux
« compatriotes. La charité chrétienne ne permet pas

« de penser mal de son prochain. Dès qu'il aura « trouvé, par quelque ruse, l'art de leur en imposer « et de s'emparer d'une partie de l'autorité publique, « voilà un homme constitué en dignité. Dieu veut « qu'on le respecte. Bientôt voilà une puissance, « Dieu veut qu'on lui obéisse. Le propriétaire de « cette puissance abuse-t-il? C'est la verge dont « Dieu punit ses enfants. On se ferait cons- « cience de chasser l'usurpateur, il faudrait troubler « le repos public, user de violence, verser du sang. « Tout cela s'accorde mal avec la douceur du chré- « tien, et après tout qu'importe qu'on soit libre « ou serf dans cette vallée de larmes? L'essen- « tiel est d'aller en paradis, et la résignation n'est « qu'un moyen de plus pour cela. »

Rousseau, après avoir hautement proclamé la divinité du Christ et la vérité de l'Evangile, après avoir fait de la religion chrétienne un éloge pompeux que n'eussent pas désavoué les Basile, les Grégoire de Nazianze et Bossuet, emploie des arguments captieux, des raisonnements sans fondements pour annihiler cette même religion, pour lui substituer une profession de foi purement civile, « dont il appartient « au souverain de fixer les articles non précisément « comme dogmes de religion, mais comme senti- « ments de sociabilité sans lesquels il est impossible « d'être bon citoyen, ni sujet fidèle. Sans pouvoir « obliger personne à les croire, *il peut bannir de « l'Etat quiconque ne les croit pas.* Il peut le bannir « non comme impie, mais comme insociable, comme « incapable d'aimer sincèrement les lois, la justice, et « *d'immoler*, au besoin, *sa vie à son devoir;* que si « quelqu'un, après avoir reconnu publiquement ces « mêmes dogmes, se conduit comme ne les croyant pas « *qu'il soit puni de mort*, il a commis le plus grand « des crimes, il a menti devant les lois.

« Les dogmes de la religion civile doivent être sim- « ples, en petit nombre, énoncés avec précision, sans « explications ni commentaires. *L'existence de la « divinité puissante, intelligente, prévoyante, bienfai- « sante, la vie à venir, le bonheur des justes, le châ- « timent des méchants, la sainteté du contrat social et « des lois.* Voilà les dogmes positifs.

« Quant aux dogmes négatifs, il les borne à un

« seul : *l'intolérance.* Elle rentre dans les cultes que « nous avons exclus. *L'intolérance civile et l'intolé-* « *rance religieuse sont inséparables.* »

Ceci dit, passons au législateur auquel ont été dévolus la charge et l'honneur de mettre en pratique cette religion civile entrevue et indiquée théoriquement par Rousseau.

Robespierre, 1759 à 1794.

Surnommé l'incorruptible par ses panégyristes, à cause de son mépris des richesses, de ses discours qui n'étaient pas dénués d'un certain talent oratoire, souvent remplis de vagues déclamations et d'appels hypocrites à la justice, à l'humanité, à la vertu, fauteur des massacres de 1792, il contribue à la perte des Girondins. Devenu tout-puissant, il veut établir un gouvernement stable dont il aurait été le chef, et une religion philosophique dont il aurait été le pontife et le grand prêtre. C'est lui qui va inaugurer cette religion civile prédite et annoncée par Rousseau. Dans ce but, il fait proclamer par la Convention l'existence de l'Etre suprême, l'immortalité de l'âme (1794) et les dogmes terribles préconisés par le même Rousseau. Ce décret est bientôt suivi de la condamnatition à mort de 1.400 victimes dans Paris seulement; il avait été précédé en 1793 par l'exécution de Cécile Renaud, fille de vingt ans, parce qu'elle avait dit qu'elle préférait un monarque à cent tyranneaux; par celle d'une obscure servante qui avait refusé de se confesser à un prêtre assermenté, et enfin par le massacre et la mise en lambeaux de la vénérable princesse de Lamballe, pour n'avoir pas voulu jurer haine au roi et à la reine, ce qui fait dire à un homme sage, profond et judicieux, que *l'Esprit des lois de Montesquieu nous a affranchis avec la Constituante* et *que le Contrat social de Rousseau* a été le préambule *de la politique absolutiste* que Robespierre s'est chargé de mettre en pratique. Ce livre a fait dévier la révolution française et retardé, *pour de longues années, l'avènement des idées et des institutions de la liberté.*

Nous avons vu comment on veut remplacer une religion toute d'abnégation et d'amour !

Réponses aux attaques de Rousseau contre la religion catholique.

Nous allons essayer de réfuter par des faits authentiquement constatés, les arguments captieux, les raisonnements sans fondements produits par Rousseau contre la religion catholique.

Le premier et suprême reproche qu'il lui fait est de donner aux hommes deux législateurs, deux chefs, deux patries. Cette assertion est entièrement erronée. Le pape n'est que le vicaire de Jésus-Christ, le chef de l'Eglise catholique. En désignant saint Pierre pour être placé au sommet de la hiérarchie de l'Eglise le Christ a dit : Vous êtes heureux, fils de Jean, et moi je vous dis que vous êtes Pierre, et que sur cette pierre je bâtirai mon Eglise, et que les portes de l'enfer ne prévaudront pas contre elle. Et je vous donnerai aussi les clefs du royaume du ciel, et tout ce que vous lierez sur la terre sera lié dans le ciel, et tout ce que vous délierez sur la terre sera délié dans le ciel. Les péchés seront retenus à ceux à qui vous les retiendrez, et ils seront pardonnés à ceux à qui vous les pardonnerez. Le ciel et la terre passeront plutôt que tout ce qui est dans la loi manque d'être accompli jusqu'à un iota.

La hiérarchie se trouve ainsi établie dans l'Eglise. Le Pape et ses successeurs ne sont que des chefs spirituels. Leur royaume n'est pas de ce monde, ils n'ont aucun pouvoir sur les puissances temporelles.

Le Pape chef de l'Eglise catholique nomme les cardinaux, les archevêques et les évêques quand pour ces derniers il n'est pas dérogé par les concordats, il approuve ou supprime les ordres religieux. Gardien de la foi et de la discipline, il y pourvoit par les bulles, brefs, enclicyques ; ses décisions sont souveraines en l'absence des conciles généraux, et ceux-ci ne peuvent se réunir que sur la convocation du Pape qui les préside. Il est administrateur général de l'Eglise.

L'Eglise catholique doit sa soumission aux gouvernements temporels. Ces devoirs lui sont *formellement imposés* par l'Evangile :

« Rendez à César ce qui est à César et à Dieu ce qui « est à Dieu. » (Evangile S. Matthieu, chap. 22.)

« Que toutes personnes soient soumises aux puissan-
« ces supérieures ; car il n'y a point de puissance qui
« ne vienne de Dieu. C'est lui qui a établi celles qui
« sont sur la terre. Celui qui résiste aux puissances
« résiste à Dieu, il faut se soumettre par devoir de
« conscience. » (Epître de saint Paul aux Romains,
« chap. 13.)

« Soyez donc soumis pour l'amour de Dieu à toutes
« les puissances, soit au roi comme au souverain, soit
« aux gouverneurs comme à ceux qui sont envoyés de
« sa part pour punir ceux qui font le mal et pour
« traiter familièrement ceux qui font le bien. »
(1re épître de saint Pierre, chapitre 2).

« Avertissez-les d'être soumis aux princes, aux ma-
« gistrats, de leur rendre obéissance, d'être prêts à
« faire toutes sortes de bonnes œuvres, étant libres
« non pour vous servir de votre liberté comme d'un
« voile qui couvre vos mauvaises actions, mais pour
« agir en serviteur de Dieu. » (Epître de saint Paul à
Tite, chapitre 3).

La déclaration du clergé de France du 19 mars 1582 sur la puissance ecclésiastique, proclamée loi de l'empire par décret du 25 février 1810, confirme et approuve la soumission de l'Eglise aux pouvoirs civils :

« Article 1er. Saint Pierre et ses successeurs n'ont
« reçu de puissance de Dieu que sur les choses spiri-
« tuelles concernant le salut et non point sur les cho-
« ses temporelles et civiles, Jésus-Christ nous appre-
« nant lui-même que son royaume n'est pas de ce
« monde et en un autre endroit qu'il faut rendre à
« César ce qui est à César et à Dieu ce qui est à Dieu,
« et qu'ainsi ce précepte de l'apôtre saint Paul ne peut
« en rien être ébranlé ni altéré :

« Que toute personne soit soumise aux puissances
« supérieures ; car il n'y a point de puissance qui ne
« vienne de Dieu, et c'est lui qui ordonne celles qui
« sont sur la terre. Celui donc qui s'oppose aux puis-
« sances s'oppose à Dieu. »

« Art. 2, 3, 4. Quoique le Pape ait la principale
« part dans la question de foi, et que ses décrets re-
« gardent toutes les Eglises et chaque Eglise en parti-
« culier, son jugement n'est pourtant pas irréforma-
« ble à moins que le consentement de l'Eglise
« n'intervienne. »

Suit le décret du 18 germinal an 10 (avril 1802) relatif à l'organisation du Concordat.

Pouvoirs des apôtres

« Vous êtes le sel de la terre, vous êtes la lumière « du monde. On n'allume pas une lampe pour être « mise sous le boisseau. Ainsi, que votre lumière « luise devant les hommes, afin qu'ils voient vos bon- « nes œuvres et qu'ils glorifient votre père qui est au « ciel ; allez par tout le monde prêcher l'Evangile à « toute créature ; celui qui croira et qui sera baptisé « sera sauvé, mais celui qui ne croira pas sera con- « damné. » Après leur avoir parlé ainsi, il fut élevé dans le ciel, et alors les apôtres allèrent prêcher partout, le Seigneur coopérant avec eux.

Perpétuité, unité et immutabilité de l'Eglise catholique et romaine.

Elle n'aura point de fin, son fondateur l'a dit.

Elle a l'unité dans la foi, dans tous les temps, entre toutes les sectes.

Elle est immuable ; ce que Dieu a dit et fait ne peut changer.

Persécutions annoncées à l'Eglise

« L'ouvrier mérite qu'on le nourrisse. Entrez chez « un homme de bien ; si l'on ne veut pas vous rece- « voir, sortez de cette maison, allez dans un autre lieu, « mangez et buvez ce qu'on vous présentera. Celui-là « seul ne doit pas manger qui ne veut pas travailler. « Je vous envoie comme des brebis au milieu des « loups. Soyez donc prudents comme des serpents et « simples comme des colombes. « *Vous serez haïs de* « *tout le monde à cause de mon nom. Les débauchés* « *trouveront étrange* que vous ne couriez plus « avec eux, comme vous faisiez, à ces débordements

« de débauche et d'intempérance, et il prendront de là « sujet *de vous charger d'exécration.* » (S. Matthieu, chap. 23.)

« Je vais vous envoyer des prophètes, des sages, « des docteurs, et de ce nombre il y en aura que vous « ferez mourir, que vous poursuivrez de ville en ville « et que vous crucifierez. » (S. Paul à Timothée, ch. 3.)

« *Il viendra un temps fâcheux*, où les hommes « amoureux d'eux-mêmes, *avares, glorieux*, *superbes,* « *médisants, désobéissants* à leurs pères, *dénaturés,* « *ennemis de la paix, calomniateurs, intempérants,* « *sans affection pour les gens de bien, traîtres, inso-* « *lents, enflés d'orgueil et plus amateurs de la volupté* « *que de Dieu* ; *ne pourront plus souffrir la saine doc-* « *trine.* Au contraire, ayant une extrême démangeai- « son d'entendre ce qui les flatte, *ils auront recours à* « *une foule de doctrines propres à satisfaire leurs dé-* « *sirs, et fermeront l'oreille à la vérité pour l'ouvrir à* « *des fables.* »

Hiérarchie dans l'Eglise

La hiérarchie dans l'Eglise ayant été établie, ainsi qu'il a été dit, saint Pierre dit le prince des apôtres en devient le premier chef sous le nom de pape, et il transmet son autorité à ses successeurs jusqu'à la consommation des siècles.

Arrêté à Rome par l'ordre de Néron, et après avoir été enfermé neuf mois dans la prison Marmertine, il fut, sur sa prière et par déférence pour son maître, crucifié la tête en bas, le 29 juin de l'an 65 ou 67.

Nombre de papes de l'an 67 à 1889

Le nombre des papes qui ont succédé à saint Pierre lui compris est de 266. Nulle part sur la terre on n'a vu une série si longue et si nombreuse de rois, chefs ou souverains de nation se succédant sans interruption, par *la voie de l'élection surtout.*

Mode d'élection du souverain Pontife

Le mode de l'élection du souverain Pontife a varié suivant les époques.

« Jusqu'au onzième siècle, le Pape fut nommé le « plus souvent par le clergé et les fidèles de Rome.

« En 1059, Nicolas II décida que le Pape serait « choisi par les cardinaux, approuvé par le reste du « clergé et par le peuple, et confirmé par l'empereur « d'Occident.

« Grégoire VII supprima l'intervention de l'em- « pereur dans l'élection, et Alexandre III celle du « clergé inférieur et des fidèles.

« La nomination du Pape, *désormais confiée* aux « cardinaux, fut réglée par Grégoire X dans le « deuxième concile général de Lyon, qui institua les « conclaves (1274).

« Depuis la mort d'Adrien VI, les papes sont exclu- « sivement d'origine italienne.

« L'indépendance spirituelle du Pape a longtemps « trouvé une garantie qu'on croyait nécessaire dans « la souveraineté temporelle en Italie.

Suprématie du Pontife romain

« La suprématie du Pontife romain continue à se « manifester au milieu même des incursions des bar- « bares. Saint Grégoire la fait reconnaître aux Lom- « bards, aux Anglo-Saxons, plus tard ce sera la Ger- « manie.

« La prépondérance morale du successeur de saint « Pierre a désormais encore, aux yeux des barbares, le « prestige qu'exerce toujours sur eux la force maté- « rielle au milieu de l'anarchie féodale, surtout au « x^e^ et au xie siècle. La Papauté est exposée à être le « jouet des factions romaines. Elle n'échappe à ce dan- « ger que pour tomber sous la domination des empe- « reurs allemands.

« La troisième période de l'histoire des papes, de « Grégoire VII à Boniface VIII (1073 à 1303), est

« pleine de luttes et aussi de grandeur. Grégoire VII « affranchit la Papauté du joug des césar germains, « et fonde pour plus de deux siècles la monarchie « universelle de l'Eglise. Telle est la puissance de la « Papauté, que les historiens arabes des croisades « appellent le Pape le kalife des chrétiens, de même « que les Occidentaux voient dans le kalife le pape « des musulmans. Les guerres saintes ont été l'acte « le plus glorieux de cette grande monarchie pontifi- « cale qui avait sa base dans l'assentiment de tous les « peuples. La papauté gagne une suzeraineté réelle « sur le royaume de Jérusalem et plus tard la suppres- « sion du schisme des Grecs pour toute la durée de « l'empire latin. En Europe, l'autorité des papes s'a- « firme et achève l'œuvre de l'indépendance italienne.

« De 1513 à 1554, sous Léon X et même Clément VII, « on voit fleurir les lettres et les arts. Luther et Cal- « vin commencent à détacher du Saint-Siège une par- « t ie du centre et du nord de l'Europe (1527).

« La papauté, fortifiée par les décrets du concile de « Trente (1545 à 1563), est redevenue avant tout une « grande puissance du monde à l'aide d'un ordre nou- « veau (la société de Jésus) ; elle combat au XVIe siècle « le protestantisme, au XVIIe siècle le jansénisme et « au XVIIIe siècle les philosophes. Pie VII met fin, « en 1801, au schisme produit en France par la « constitution civile du clergé. Enfin, au milieu « des graves débats soulevés par la question tem- « porelle, Pie IX rétablit la hiérarchie en An- « gleterre et en Hollande, et, secondé par d'ardents « missionnaires, étend sur de nouvelles régions la su- « prématie du siège de saint Pierre.

« Ainsi donc, il est bien démontré, par ce que nous « venons de dire, que l'évangile qui est la loi suprême « des chrétiens les oblige formellement à être soumis « aux gouvernements temporels, soit au roi comme au « souverain, soit à ceux qui sont envoyés de sa part « pour punir ceux qui font le mal. Or, par cette sou- « mission aux lois civiles, les chrétiens deviennent « citoyens des pays qu'ils habitent ; ils ne forment « plus, comme le dit à tort Rousseau, un Etat dans « l'Etat, et ils y apportent largement leur contingent « des forces vitales de cette religion dont il ne peut se « défendre lui-même de reconnaître la sublimité. »

Nous avons encore à relever un autre reproche que Rousseau fait à la religion catholique :

« Une république chrétienne, dit-il, n'est pas possi-
« ble. Les vrais chrétiens sont faits pour être esclaves.
« Les troupes chrétiennes sont excellentes, dit-on.
« Je le nie, Je n'en connais point. » Si Rousseau eût consulté l'histoire de nos temps passés et s'il eût été témoin des faits, des temps plus rapprochés de nous, il n'eût pas tenu ce langage.

Que ne pouvons-nous évoquer les mânes des héros dont on ose outrager la mémoire ! que ne pouvons-nous faire sortir de leurs tombeaux les intrépides guerriers dont nous prenons les noms au passage et qui s'appellent Charlemagne, Godefroy de Bouillon, Bertrand du Guesclin, Jeanne d'Arc, La Trémoille, le chevalier sans reproche, Bayard, lui aussi le chevalier sans peur et sans reproche, François Ier, Henri IV, le maréchal de Villars, Turenne, la Tour-d'Auvergne, Charette, La Rochejacquelein, Cathelineau, Bugeaud, La Moricière, avec ses zouaves légendaires et enfin nos fiers marins Jean Bart, Duguay-Trouin, Dupetit-Thouars, Dupleix, de Suffren, Duperré, La Motte-Piquet, Dumont-d'Urville, Courbet et autres dont les Anglais ont conservé de glorieux souvenirs.

Tous viendraient, en leurs noms et en ceux de leurs glorieux frères d'armes, protester hautement contre les accusations de lâcheté qui sont portées contre eux.

Puisque nous avons été forcément provoqué à prendre la défense des héros que la guerre appelle sur les champs de bataille, pourquoi ne rappellerions-nous pas les héros bienfaiteurs de l'humanité que leur humilité tient éloignés des regards de la foule? C'est encore là que l'on rencontre les vrais et grands chrétiens. Citons principalement :

Les pères de la Merci, qui allaient en tous lieux pour racheter les chrétiens pris par les pirates ;

Les communautés hospitalières consacrées au soulagement des malades, des infirmes et des vieillards qui prirent naissance au neuvième siècle et se sont multipliées jusqu'à nos jours dans toute la chrétienté ;

Nos aumôniers consolant nos blessés et nos mourants sur les champs de bataille, et dont l'existence est tous les jours menacée par une secte en haine de Dieu ;

Vincent de Paul qui, sous le nom d'Enfants trouvés a établi des hospices où, tous les enfants abandonnés par des parents pauvres et malheureux, ou issus du libertinage, sont retirés et reçoivent les soins les plus empressés de vertueuses filles du Christ (1576 à 1660);

Le vénérable Jean-Baptiste de La Salle, célèbre fondateur des frères des Écoles chrétiennes (1725). Il y consacra toute sa fortune, triompha de tous les obstacles, de toutes les tracasseries, écrivit, pour l'instruction des enfants, les *Devoirs du chrétien envers Dieu*, les *Règles de la bienséance et de la civilité chrétienne*, la *Conduite des Ecoles chrétiennes*, les *Devoirs et les vertus d'un bon maître*.

L'abbé de l'Epée, le fondateur de cette belle institution qui a permis à une classe des déshérités de ce monde, je veux dire les sourds-muets, de converser entre eux par la parole et avec leurs semblables au moyen de l'écriture. On peut dire qu'il a consacré ses biens, sa santé, sa vie pour ces malheureux pupilles. A ces divers titres, il peut être regardé comme un des grands bienfaiteurs de l'humanité (1784).

Nous devons aussi signaler à l'admiration de tous le vénérable Lavigerie, qui va dans toutes les parties du monde pour entraîner tous les gouvernements à l'abolition de la traite des nègres et de l'esclavage.

Sans oublier Don Bosco, qui déploie une ardeur infatigable pour améliorer le sort de la classe ouvrière.

L'espace et le temps nous manqueraient si nous voulions faire connaître tous les nobles dévouements provoqués par la religion catholique.

Nous terminons ce chapitre en montrant que la peinture peut atteindre au merveilleux, en reproduisant les actions qui sont inspirées par les élans d'un cœur enflammé par la charité chrétienne.

Un jour que nous étions introduit dans un appartement en attendant l'arrivée du maître du lieu, nous aperçûmes un tableau appendu à la muraille qui attira notre attention. Il représentait un personnage à toute barbe, vêtu d'un surtout de bure, tenant dans ses bras un tout petit enfant pauvrement vêtu, se pressant sur la poitrine du personnage, vers lequel il élevait un regard comme témoignage de reconnaissance. Le personnage était saint Vincent de Paul, dont le visage rayonnait comme celui d'un homme qui aurait découvert un immense trésor. L'enfant avait été recueilli dans le parvis d'une église. N'est-ce pas l'Eglise qui donne asile à toutes les infortunes? Je me récuse comme connaisseur de tableaux; mais l'artiste s'était si bien inspiré de son sujet, que je ne pus me défendre de laisser tomber des larmes d'admiration. C'était le triomphe de la charité chrétienne et de l'art chrétien. J'ai appris plus tard que c'était l'œuvre d'un peintre de talent.

Reproches faits au clergé. — Célibat.

On attaque le célibat des prêtres. Nous dirons que ceux qui ne veulent pas se vouer au célibat ne se fassent pas prêtres. Le célibataire est libre, débarrassé des soucis de la famille. Il peut se consacrer tout entier au service des pauvres, des déshérités, des malheureux.

En 1073, Grégoire VII renouvela les anathèmes contre les simoniaques, les trafiquants d'évêchés, d'abbayes, et contre les mariages des prêtres, dissimulant souvent le concubinat, les ramenant au célibat. Ce ne fut que 300 ans après qu'un moine auquel son vœu de chasteté pesait, voulut rétablir le mariage des prêtres. J'ai nommé Luther (1525).

Richesses du clergé.

Le clergé doit vivre aux dépens de ceux qu'il instruit. Le Christ l'a dit. Sous la première race il a reçu de grands biens. Il en employait beaucoup en bonnes œuvres. Mais les rois, la noblesse et le peuple trouvaient souvent le moyen de les lui ôter. En 1793, le clergé et les communautés religieuses furent dépouillés de tous leurs biens. Nous avons donc pu dire qu'ils furent, en tout temps, la caisse d'épargne des révolutions. Que les prêtres ne soient pas trop riches, je le concède; mais il faut qu'ils puissent vivre honorablement et assister les grandes misères, ce qu'ils font, du reste, avec tant de dévouement. Beaucoup de prêtres et de vicaires ont des appointements qui souvent n'atteignent pas le chiffre de ceux des garçons de peine, et ceux d'évêques de chefs de bureau. Encore ce pain de chaque jour leur est-il souvent retiré à l'instigation de quelques tyranneaux de village, qui ont cru se reconnaître dans un sermon flétrissant les hontes et les turpitudes de l'époque.

GOUVERNEMENTS

Il y a trois espèces de gouvernement : le gouvernement démocratique ou républicain, le monarchique, celui où un seul gouverne, mais par des lois fixes et établies ; le despotique, où un seul, sans loi et sans règle, entraîne tout par sa volonté et par ses caprices. Nous n'avons pas à nous occuper de ce dernier gouvernement. Il a été établi par les circonstances, ou un peuple se l'est imposé pour se soustraire à l'anarchie.

Le véritable gouvernement démocratique, a dit Rousseau, « n'a jamais existé et *n'existera jamais* ». Cet aveu est bon à retenir, venant de l'homme qui a le plus écrit en faveur de cette espèce de gouvernement. « Il est contre nature que le grand nombre « gouverne. La démocratie peut convenir aux peuples « petits et pauvres ; encore sont-ils exposés à l'anar- « chie ou à la domination d'un voisin plus puissant. « Le luxe est l'effet des richesses ou il les rend néces- « saires. De là, corruption du riche par la possession « et du pauvre par la convoitise. Il voue la patrie à la « mollesse, à l'oisiveté, à la vanité ; il asservit les « citoyens les uns aux autres, et tous à l'opinion. Il « n'y a pas de gouvernement si sujet aux guerres « civiles et aux agitations intérieures que le démo- « cratique ou populaire, parce qu'il n'y en a aucun « qui tende si fortement et si continuellement à chan- « ger de forme, ni qui demande plus de vigilance et « de courage pour être maintenu dans la sienne. S'il « y avait un peuple de Dieu, il se gouvernerait démo- « cratiquement. Un gouvernement si parfait ne con- « vient pas à des hommes. »

Pour qu'un gouvernement de ce genre ait quelque chance de durée, un peuple a besoin encore plus qu'un monarque d'être conduit par un conseil ou sénat dont les membres sont choisis par lui parmi les citoyens les plus capables et les plus méritants.

Tout gouvernement est un ordre, et nul ordre ne s'établit que par la morale. Or, le gouvernement républicain dépend principalement de l'esprit et du caractère du plus grand nombre. Si le caractère général n'est pas bon, la chose publique sera mauvaise. Rien n'arrête la corruption d'une république. Les bonnes mœurs sont le plus sûr garant de la durée des empires. C'est l'éducation qui fait les mœurs. Tout homme est formé par son siècle ; bien peu s'élèvent au-dessus des mœurs de leur temps. Les lois sont établies, les mœurs seules peuvent être inspirées. Les devoirs des hommes rassemblés en société, voilà la morale. La famille sera toujours la base de la société.

Lorsque la vertu cesse, soit dit l'amour de l'Etat, l'ambition entre dans les cœurs ; ce qui était maxime s'appelle *rigueur ;* ce qui était règle on l'appelle *gêne ;* ce qui était attention on l'appelle *crainte. Le trésor public devient le trésor des particuliers ; la République est une dépouille ; sa force n'est plus que le pouvoir de quelques citoyens* et *la licence de tous.* C'est dans le gouvernement républicain que l'on a besoin de toute *la puissance de l'éducation,* qui doit inspirer l'amour des lois et de la patrie, *cet amour demandant une préférence continue de l'intérêt public au sien propre.* Pour conserver un gouvernement républicain, *il faut l'aimer.*

Les politiques grecs, qui vivaient dans le gouvernement populaire, ne reconnaissaient d'autre force qui pût le soutenir que *la vertu. Ceux d'aujourd'hui* ne nous parlent que de *manufactures, de commerce, de finances, de spéculations, d'agiotage* et *de luxe* même. Ce n'est point le peuple naissant qui dégénère ; il ne se perd que lorsque les hommes sont déjà corrompus. *L'amour de la démocratie est l'amour de l'égalité et par suite de la médiocrité. Qui n'a pas d'esprit dans ce siècle,* mais *du talent, du génie, où le trouve-t-on?*

A mesure que le luxe s'établit dans une république, l'esprit se tourne *vers l'intérêt particulier ; une âme corrompue par le luxe* devient *ennemie des lois qui la gênent. Quand tout le monde* se porte à *la volupté,* que devient *la vertu?*

Le *gouvernement démocratique* ou républicain a

beaucoup d'*attraits pour les masses*. Pour elles, c'est le symbole de l'*égalité* et de la *liberté;* elles n'y trouvent que des droits et n'en connaissent pas les devoirs. Il est bon de les leur faire comprendre. *Les flatteurs et les intrigants aiment aussi ce régime*, parce qu'il leur permet *de les leurrer et les tromper par des promesses fallacieuses et irréalisables.*

L'égalité est un simple fait d'identité d'origine. *La naissance n'est rien où la vertu n'est pas. Efforçons-nous d'être* tel que l'on ne s'informe pas *si nous avons de la naissance*. En fait d'égalité, il n'y a qu'un principe vrai : *l'égalité devant la loi. L'égalité absolue est une chimère impossible à réaliser. Les sectateurs de l'égalité* n'ont jamais renoncé *à avoir des inférieurs.*

La *liberté* n'est dans aucune forme de gouvernement, *elle est dans le cœur de l'homme.* La question de la liberté a été débattue par la plupart des écoles de philosophie. *Sans liberté* il n'y aurait point de moralité dans *les actions des hommes. La conscience est un tribunal* où l'homme devient tout à la fois soi-même *son accusateur, son témoin, son juge* et *son bourreau. La conscience ne nous trompe jamais ;* c'est le meilleur livre de morale. Or, que deviendrait la conscience sans la liberté ? *La liberté sans bornes est un danger.* On cherche *les droits*, on fuit *les devoirs.* Dans l'état social, la liberté naturelle est restreinte par les conventions établies pour l'utilité commune. La liberté civile est le pouvoir de faire tout ce qui n'est pas défendu par les lois. *La liberté civile ne peut exister* sous un pouvoir *arbitraire* et *absolu.*

La liberté de la presse devient l'asservissement des esprits, quand elle n'est pas *circonscrite par la morale, la justice*, et que ses écarts ne sont pas réglementés par les lois. *C'est par la voix de la presse* que nous apprenons à bien connaître les hommes avec *leurs vertus* et *leurs qualités, leurs vices* et *leurs défauts*, en les suivant dans toutes leurs évolutions, soit qu'ils s'abaissent dans la fange des idées basses, boueuses, illogiques, mauvaises, contraires au bon sens, à la raison, à la justice, à l'honneur, pour pouvoir les combattre, à armes égales, devant les simples, les ignorants, les gens de mauvaise foi, soit *pour se ranger autour de ceux qui s'élèvent sur les hauteurs du vrai, du grand, du noble et du beau.*

Les causes et les suites d'une révolution ne sont souvent qu'un long combat d'*égoïsme*, et ce n'est pas toujours que *le bon droit l'emporte sur la force*.

Gouvernement monarchique.

Le gouvernement monarchique convient aux grands Etats. Les affaires étant menées par un seul, il y a plus de promptitude dans l'exécution.

Rousseau prétend que les petits brouillons, les petits fripons, les petits intrigants arrivent plus facilement aux grandes places sous la monarchie que sous la république. L'esprit républicain est aussi ambitieux que l'esprit monarchique, a dit Voltaire. En effet, nous demandons aux hommes justes et impartiaux ce qu'ils pensent de l'aphorisme de Rousseau en l'an de grâce 1888-1889. *Les avancements scandaleux, les faveurs les plus criantes, le tripotage des affaires de l'Etat* sont-ils moindres sous la république que sous la monarchie ? *Les brevets de vertus et d'honneur* eux-mêmes *sont tombés dans le domaine du commerce.*

Montesquieu est partisan de la liberté politique dans la constitution ; il aime l'équilibre des trois pouvoirs : *Royauté*, *Sénat*, *Chambre des communes.* La constitution anglaise est l'idéal de cet homme célèbre.

Voltaire a dit que le gouvernement anglais était le plus parfait gouvernement peut-être qui soit aujourd'hui dans le monde.

La religion rendue plus sociable par la liberté, *la liberté rendue plus régulière par le sentiment du devoir et le respect du droit*, furent les fortes bases sur lesquelles reposèrent les colonies de la nouvelle Angleterre.

Le centenaire de 1789.

ÉTATS GÉNÉRAUX

Les Etats généraux s'ouvrirent, à Versailles, le 5 mai 1789. Nous remarquons, dans le discours prononcé, à ce sujet, par le roi Louis XVI, ces paroles qui peignent les dispositions bienveillantes de son cœur: « Tout ce qu'on peut attendre du plus tendre intérêt « au bonheur public, tout ce qu'on peut demander « à un souverain le premier ami de son peuple, vous « pouvez l'attendre de moi. »

Pour le roi, comme pour *les amis sincères de la liberté, de l'égalité devant la loi, ce jour devait commencer* l'ère des réparations, du relèvement de la patrie, du rétablissement des finances de l'Etat, de la réforme des mœurs dissolues et avilissantes qui avaient déshonoré la Régence et le règne de Louis XV. Ces espérances étaient bien plausibles quand on se rappelle que tous les cahiers de doléances des bailliages envoyés par six millions d'électeurs étaient unanimes pour déclarer: 1° que le gouvernement français était un gouvernement monarchique ; 2° que la personne du roi était inviolable et sacrée ; 3° que la couronne était héréditaire de mâle en mâle ; 4° que le roi était dépositaire de la puissance exécutive ; 5° que la nation faisait la loi avec la sanction royale ; que le consentement national était nécessaire à l'impôt et à l'emprunt ; 6° que les corps administratifs ou états provinciaux devaient être organisés. Ces principes de la monarchie représentative admis, le problème social était résolu. Le peuple voyait enfin, selon l'expression de Mme de Staël, qu'en France la liberté est ancienne, et que c'est le despotisme qui est moderne. Il ne restait plus à régler que des questions élémentaires et de détail, qu'une assemblée pénétrée d'ordre et de bonnes intentions pouvait très bien résoudre. Les partisans indépendants et sincères de la république eussent volontiers fait abnégation de leur opinion en faveur de la royauté, puisque, de l'avis des hommes et des publicistes les plus célèbres, c'est le gouvernement le moins exposé aux révolutions. Mais toutes ces espérances ne devaient être que de décevantes et chimériques illusions. Les honnêtes gens, les hommes de bonne foi ignoraient les forces colossales de la révolution qu'ils avaient à combattre.

La secte maçonnique, à peine sortie de ses ténèbres (elle n'était apparue au grand jour qu'en 1760), reçut en foule dans son sein les déistes, les sceptiques, les matérialistes, les athées, les jansénistes, les protestants, ayant pour grand-prêtre Jean-Jacques Rousseau et pour évangile le Contrat social, les nobles ruinés et corrompus, quelques abbés titrés dont les convenances de famille et l'appât des bénéfices avaient seules décidés la vocation. Que pouvait-il sortir de ce pitoyable amalgame? Nous y trouvons même le premier prince du sang, Philippe, duc d'Orléans, dit l'Égalité, se mettant en révolte ouverte contre son souverain et se laissant aller à dire un jour : « Dussé-je périr, je « périrai content si j'entraîne dans ma perte le roi et « surtout la reine! et, je le jure, je les entraînerai; je « les rendrai aussi malheureux que des créatures vi- « vantes peuvent l'être, j'y dépenserai toute ma for- « tune, j'y perdrai la vie même s'il le faut. » Il tint parole : il avait pris à sa solde les séides de la Révolution, et, le 17 janvier 1793, il signa la mort du roi. Le 6 novembre 1793 il fut lui-même condamné à mort et exécuté.

Le sang appelle le sang. Ces terroristes, ces hommes sanguinaires, qui faisaient guillotiner, fusiller, noyer leurs semblables sans acception de personnes, d'âge, de sexe et de rang, périrent par le fer et par le feu. Ceux qui échappèrent à la mort devinrent les obséquieux et plats valets du dictateur Bonaparte, qui avait reçu la mission de nettoyer cette nouvelle écurie d'Augias. *Leurs noms demeurent à jamais flétris dans l'histoire.*

Et ce sont les descendants et les héritiers bénéficiaires de ceux qui ont propagé de semblables doctrines qui eux-mêmes, par une loi attentatoire à la divinité, à la vérité, à l'innocence, à la morale, aux mœurs, à la liberté de conscience, ont enlevé aux pères de famille l'éducation de leurs enfants, qu'ils leur font pourtant chèrement payer, pour les matérialiser et les abrutir, qui viennent nous convier à célébrer le centenaire d'un siècle qui a produit de semblables horreurs. Ils ont livré aux agioteurs, aux trafiquants, aux corrompus, aux libertins cette noble France qui est appelée à dominer le monde, non par la force brutale, mais par son ascendant moral, intellectuel et social, qui s'impose aux peuples comme aux individus isolés, et se rappelant ce vieil adage qu'un peuple asservi ne vit que de pain et de spectacles, ils se sont fait allouer de grosses prébendes à prélever sur les lourds impôts qui nous écrasent, pour présider à cette grande sarabande à laquelle ils ont convoqué les jongleurs de l'Inde et du nouveau monde, les toreadors d'Espagne et les jouisseurs du monde entier. Et de cette France, jadis si grande, si fière et si vaillante, ils en font une vile courtisane escomptant des gros sous dans son arrière-boutique. Pour cacher, pour dissimuler le *discrédit* dans lequel ils sont tombés, ils ont *adroitement, habilement* organisé une exposition de tous les produits des arts, des sciences, de l'industrie, des lettres, voire même de l'éducation, des mœurs et de la moralité des hommes. *Proh ! inversi mores !* O mœurs corrompues ! Tartufe, où es-tu ? Tu as été dépassé.

Distinguons pourtant :

Nous l'avons dit et écrit il y a plus de vingt-cinq ans, nous ne prenons pas de voies louches et détournées pour arriver à nos fins ; nous ne cachons pas l'objet de nos efforts et de nos luttes.

Nous voulons le bien matériel et moral de nos concitoyens et de nos frères. Nous le constatons avec plaisir. *Les hommes, par leurs travaux plus savamment dirigés, par leur industrie mieux calculée, par leurs inventions et leurs découvertes plus ingénieuses,* sont mieux nourris, mieux vêtus, mieux logés, mieux éclairés ; leur bien-être matériel est sensiblement amélioré, la somme de leurs jouissances intellectuelles est notablement augmentée. De ce côté il y a progrès marqué, évident; aveugle qui le nierait ; mais, d'autre part, l'amour du luxe, le besoin de paraître se sont emparés d'eux ; leurs besoins matériels, je dirai même brutaux, se sont multipliés, et ils se sont appliqués à les satisfaire, n'étant plus retenus *par la religion, qui fait la morale et, par suite, les mœurs ;* ils ont *recouru* aux moyens les plus inavouables, les plus honteux et les plus criminels pour arriver à leurs fins. Ils deviennent, ce que défend la morale, *impies, égoïstes, menteurs, adultères, intempérants, parjures, voleurs et assassins. Que devient votre prétendu progrès?* C'est *folie, insanité, crime. A ces tristes pensées,* mon âme s'exalte. *Je sens bouillonner dans mes veines ce sang qu'ont refroidi 80 hivers.* Je suis tenté de me plaindre à Dieu de m'avoir donné de si longs jours pour être le témoin muet de pareilles infamies.

Notre intention n'est pas, à Dieu ne plaise, de discréditer l'Exposition. Laissant de côté tout esprit d'opinion arrêtée, nous engageons, au contraire, *les artistes et amateurs de toutes les sciences* à aller la visiter et à s'inspirer des chefs-d'œuvre qu'il leur sera donné d'y rencontrer. Tous les visiteurs, quelle que soit leur position dans le monde, apprendront à apprécier ce qui est bien, et à regretter ce qui est mal.

Nous convions les femmes de la province à aller à l'Exposition pour apprendre à *connaître la vie parisienne.*

Une personne qui connaît la *vie parisienne* et la *vie de province,* nous disait :

« Autrefois, pour trouver une femme accomplie, il « fallait aller la chercher dans la société parisienne. « Qui ne se rappelle les dames de Sévigné, de La « Fayette, du Sablé, de Staël, Récamier et tant d'au- « tres ? Combien aujourd'hui les temps sont changés ! « Ce sont les femmes des départements qui nous « donnent les femmes de bon ton. Sans exagération « dans leur mise, sachant tout dire et tout entendre ; « s'abaissant et s'élevant, suivant le besoin, sans affec- « tation ; nourrissant leur esprit des bonnes revues « du temps présent, mais ne délaissant pas celles qui « ont marqué dans le passé, mettant l'ordre dans leurs « lectures, y réfléchissant et imprimant à leur conver- « sation le relief des belles choses qu'elles ont conser- « vées, se livrant à la musique et quelquefois à la « peinture pendant le temps dont elles peuvent dis- « poser, s'attachant à leur intérieur, méritant à tous « les titres d'être restées le type intact de la femme « comme il faut. »

« A ce point de vue, la femme de province n'aura « rien à envier à la femme de Paris. Contente d'elle- « même, elle sera bien aise de rentrer dans sa famille « et d'y continuer cette vie intérieure qui fait le bon- « heur de ceux qui l'entourent. » Nous comprenons avec le narrateur le désir de la femme sérieuse, de bon ton et bien née de rentrer dans son intérieur, de sortir de ce tohu-bohu, de cette mêlée d'éléments, d'opinions, de goûts, de besoins si disparates, *donnant souvent des nausées;* mais en sera-t-il de même de la jeune femme ardente, aimant les plaisirs mondains, ne rêvant que festins, bals, spectacles, réunions intimes avec gens partageant ses goûts ? On voit le dénouement. Elle négligera les soins de sa famille, de son ménage. Ce sera la ruine de sa maison et, pour elle, le mépris public. Ceci dit, nous rendons la parole à notre juste appréciateur des choses.

« Quant à l'homme de province qui ira à l'Exposi-
« tion, s'il n'est pas voué *avec ferveur à la culture des*
« *lettres, des arts, des sciences* ou *de l'industrie* et *des*
« *jouissances élevées*, il délaissera sa femme pour aller
« aux courses ou bien à l'exposition canine, ou encore
« à un rendez-vous au cercle, s'il en connaît un, tandis
« que madame sera obligée de rechercher compagnie
« pour aller entendre un opéra ou visiter l'exposition
« rétrospective.

« En province, les cercles, les estaminets, les dîners
« intimes hors de la famille, assaisonnés des liquides
« les plus exquis et de la fumée charmante des ciga-
« rettes, paralysent l'existence mondaine et enlèvent
« au foyer de la famille l'époux, le fils, le frère, et
« lorsque la maîtresse de maison veut donner un bal,
« elle est obligée de recourir aux garnisons rappro-
« chées de sa résidence pour se procurer des dan-
« seurs, le cercle absorbant tous les civils de l'en-
« droit.

« Le jeu, qui règne surtout dans les cercles, est un
« dissolvant auquel rien ne résiste. Tel n'est pas
« né joueur qui le devient par désœuvrement, et une
« fois la main mise au paquet de cartes, bien excep-
« tionnel qui la retire. C'est par là que s'engloutis-
« sent les patrimoines, que se fondent les épargnes
« de la famille, que s'énervent les caractères. L'épouse
« est délaissée, livrée à tous les énervements de la
« solitude, à toutes les tentations de la revanche. Puis
« adieu le foyer, ses devoirs et ses joies. Les crises se
« produisent et à leur suite les drames.

« On est effrayé à la vue de la désagrégation des
« ménages en province causée par les cercles et les
« lieux publics. Avec la manie des cercles, les salons
« perdent leur prestige, les bonnes manières s'en vont
« et une société voit disparaître peu à peu les mœurs
« élégantes et pures, et sa fine galanterie. » C'est encore là un signe de la décadence d'une nation.

Le centenaire de 1794

D'autres que moi verront, je l'espère, fêter le centenaire de 1794, qui a vu proclamer la religion civile, Dieu et l'immortalité de l'âme par la Convention nationale, sous le pontificat de Robespierre, avec cette restriction cette fois que l'athéisme et le matérialisme seront substitués à Dieu et à l'immortalité de l'âme en *signe de progrès accompli*. Ce sera le matérialisme abstrait qui sera le devancier et le précurseur du matérialisme brutal et destructeur.

FRANC-MAÇONNERIE, SES PROGRÈS, SON BUT

Pour ceux qui douteraient de la force progressive et ascendante de la secte qui vise à l'anéantissement du Christianisme et de la société, nous allons la suivre dans sa marche en avant.

En 1778, Philippe d'Orléans, duc de Chartres, appelé plus tard Philippe-Egalité, se fit recevoir Grand Maître au Grand-Orient. On comptait alors, dans Paris, douze loges maçonniques et deux cent quarante-sept dans les provinces, toutes soumises au Grand-Orient comme *autorité suprême*.

On vit, vers cette époque, les nobles et tous les philosophes, Voltaire en tête, et même le marquis d'Argenson, ministre de Louis XV, entrer en masse dans les loges.

Voltaire écrivant à d'Alembert, le 27 octobre 1765, recommande instamment l'ordre des francs-maçons.

Louis Blanc, chef de la révolution de 1848, qui n'est qu'une succédanée de 1789, et dignitaire franc-maçon, nous apprend que, la veille de la Révolution française, la franc-maçonnerie avait pris un développement immense. L'argent de Philippe-Egalité était répandu avec profusion pour soulever le peuple au moment opportun. La franc-maçonnerie avait pour mission de décrier toutes les institutions. Elle conservait un respect apparent pour les souverains, mais c'était une prudence affectée qui ne pouvait pas détruire les influences révolutionnaire de la *franc-maçonnerie*. L'institution s'élargissant, la démocratie courut y prendre place. La cour de Louis XV était remplie de francs-maçons. Les ministres de Louis XVI étaient de la secte, ainsi qu'il résulte de la lettre écrite par Voltaire à Frédéric, le 5 août 1775. Pour arriver à leur fin et dominer l'action des réactionnaires du parti, les maçons multiplièrent les grades pour être maîtres des positions, système admirablement suivi par leurs successeurs. Les petits n'étaient pas initiés aux secrets. Les maîtres se placent à la tête du gouvernement lorsque la victoire est gagnée, et les petits, après avoir crié : à bas la calotte, vive la liberté, à bas l'empereur, vive la république, suivant l'occasion, se retirent avec quelques bras ou jambes de moins, un bureau de tabac ou une petite pension à titre de compensation. Ainsi se succèdent les révolutions, jusqu'à ce qu'enfin une nation meure de vieillesse ou d'inanition.

Dans les loges nous retrouvons tous les grands meneurs des révolutions successives de 89, 1830, 1848, 1870. Plus ça change, plus c'est la même chose.

Après avoir condamné Louis XVI à mort, la franc-maçonnerie décreta la suppression de Dieu et lui substitua la déesse Raison; les églises furent fermées, les autels détruits, les prêtres mitraillés. Mais le but avait été dépassé, il se produisit une réaction. La partie basse du peuple se retourna contre ses propres chefs, et bientôt on vit monter ces derniers sur l'échafaud. La justice était satisfaite. Il ne resta pas trois loges à Paris.

Le Grand Orient fut reconstitué le 27 décembre 1779, et en 1800 il y avait 74 loges, et 300 en 1804. Napoléon, en habile tacticien, avait reconnu que cette institution pouvait favoriser ses projets. Il tenait à en avoir les fils dans ses mains. Joseph Bonaparte, roi d'Espagne, en était le grand maître. Il s'était adjoint Cambacérès sous le titre de grand maître adjoint. Ce dernier était parvenu à réunir tous les maçons autour du Grand Orient. Ils le regardaient comme le restaurateur de leur ordre. Les revenus de ces grades rapportaient à Joseph deux millions et à Cambacérès annuellement cent mille francs.

En 1812, il y avait 1080 loges, dont neuf régiments, relevant du Grand Orient. La séance se levait au cri de : Vive l'empereur. Par la maçonnerie, Napoléon pensait tenir enchaînés tous les officiers. Pour lui, c'était un moyen de surveillance et de police. De son côté, la franc-maçonnerie pensait s'appuyer sur la puissante protection de Napoléon pour faire de tous les peuples un royaume de frères. Tout ceci nous explique le secret de cette lutte d'astuces et de ruses entre les souverains et la franc-maçonnerie, lutte *de corsaire à corsaire* à la suite de laquelle les rois disparaîtront.

En 1821, le carbonarisme s'établit en Italie et devient un dérivatif de la franc-maçonnerie. Le nouveau royaume d'Italie est déjà à sa merci, et sera bientôt entraîné dans la tourmente révolutionnaire.

Louis-Philippe arrive au trône en sa qualité de franc-maçon, mais il oublie les promesses faites à l'ordre. Lafayette, Laffitte et autres l'abandonnent; il est détrôné le 24 février 1848.

Lamartine, Ledru-Rollin, Louis Blanc proclament la république. Crémieux, Garnier-Pagès et Paynerre, décorés des insignes de leurs grades, reçoivent la députation, qui, par l'organe de Bertrand, président du tribunal de commerce, en qualité de représentant du Grand Orient, prononce cette allocution :

« Le Grand Orient de France déclare, à la gloire du « grand architecte de l'univers, qu'il vient exprimer « les sentiments de la France maçonnique au sujet « de l'agitation sociale qui s'est manifestée. Sur la « bannière des maçons de tout temps, dit l'orateur, « ont été écrits ces mots : Liberté, égalité, frater- « nité. Ils s'applaudissent de ce que la patrie a reçu « la consécration maçonnique ; quarante mille ma- « çons répandus dans trois cents loges promettent « leur concours au gouvernement. » Et Crémieux applaudit. Le 10 mars, Lamartine fait cette déclaration à l'hôtel de ville :

« J'ai la conviction que c'est du sein de la franc- « maçonnerie qu'ont jailli les grandes idées qui ont « jeté le fondement des révolutions de 1789, 1830 « et 1848. »

Ce n'est qu'après deux ans de lutte entre l'ordre et le désordre, que Napoléon parvint à fermer les quatre loges nationales de France, ensuite le Grand Orient, puis enfin tous les clubs et toutes les loges.

Nous n'avons qu'effleuré la matière, et il est facile de voir que tous les maux qui ont affligé le monde depuis 90 ans sont l'œuvre des sociétés secrètes. Les guerres civiles, les assassinats, les meurtres, l'expulsion des rois, les impôts forcés, exagérés, l'abolition de tout culte, le communisme dans la société, la destruction de l'ordre et de la famille, la ruine générale, l'assimilation des peuples à un troupeau d'animaux sauvages et la domination suprême et despotique, voilà ce que veut la maçonnerie.

But de la franc-maçonnerie avoué et reconnu par ses chefs; ses revues et ses manuels.

Le comte Augwitz le prévoyait bien, lorsque, avant le congrès de Vérone, il présenta un mémoire où il dévoilait tout ce que l'on avait à craindre de la franc-maçonnerie.

« Arrivé à la fin de ma carrière, dit-il, je crois que « c'est de mon devoir de jeter un coup d'œil sur les « menées des sociétés secrètes, dont le poison menace « l'humanité aujourd'hui plus que jamais. Leur his- « toire est liée à celle de ma vie, je dois vous en « donner quelques détails. Mon éducation et mes dis- « positions me donnèrent le désir de pénétrer plus « profondément dans le sanctuaire de la science. « Avant de me connaître et avant de comprendre la « situation dans laquelle je m'étais volontairement « engagé, j'avais la direction supérieure de la franc- « maçonnerie de la Prusse, de la Pologne, de la Rus- « sie. Le déisme et même l'athéisme (aujourd'hui c'est « le dernier qui règne) était la religion des sectaires. « Leu but était la domination du monde. Ils vou- « laient conquérir les trônes, et se servir des rois pour « les dominer et ensuite les détruire. Ses chefs étaient « en correspondance assidue, ils employaient des chif- « fres particuliers et s'envoyaient réciproquement des « émissaires. La révolution française et le régicide « avaient été résolus, et étaient le résultat des asso- « ciations et des serments. »

Ce document, dont je ne cite que quelques mots, jette un grand jour sur la franc-maçonnerie.

Heimburger, dans une loge, dis: ., le 19 janvier 1843 :

« Si le pouvoir s'obstine à ce que le pouvoir de « l'époque repousse et qui est usé par le temps, il faut « qu'un pouvoir plus fort se lève et brise ces entraves. « Il faut que les vieux échafaudages, *l'Etat et la reli-« gion,* s'écroulent, et c'est par la violence qu'ils « seront renversés. Ce que le temps use doit tomber, « et si des mortels cherchent à le conserver, qu'ils « n'accusent qu'eux-mêmes lorsqu'ils seront ensevelis « sous les ruines. »

La *Revue maçonnique*, pour l'instruction des frères, contient ceci de remarquable :

« Il faut tenir le frère dans la méditation continuelle « de certaines idées sociales importantes. Notre cons-« titution est démocratique ; union des membres de « différentes religions dans la religion naturelle, éga-« lité des droits, jouissances communes. Les prêtres « de la religion, au lieu de voir en vous des auxiliaires « et des préparateurs utiles, n'y verront, de longtemps « encore, que d'odieux rivaux. Ils nous accuseraient « d'idolâtrie, si nous voulions donner à l'humanité « une personnification, comme on a coutume de le « faire pour la divinité. »

Conclusion : destruction de ce qui existe, abolition de toute religion, religion nouvelle consistant à mettre Dieu de côté et à faire de l'homme un Dieu. *Voilà le culte de la déesse Raison.*

Le *Manuel des maçons* rapporte les paroles prononcées par Gottaldsalomon :

« Pourquoi le nom du Christ n'est-il pas prononcé « une seule fois dans les serments ? Pourquoi le com-« pas, l'équerre et le niveau ? Pourquoi ne voit-on « pas figurer la croix ? Une maçonnerie chrétienne « *serait une flagrante contradiction.* »

Le comte Fenig, général français, vice-président de toutes les loges de France, écrivait à Berlin :

« En France, on demande à l'aspirant non quelle « est sa foi, mais quelle est sa vie. Notre Dieu n'a pas « de nom particulier, il est le grand architecte de « l'univers. L'ouvrier du travail a l'équerre. Main-« tenir les préjugés religieux du moyen âge, *c'est nier « la loi du progrès.* »

Klos, l'un des plus instruits parmi les maçons,

déclare « qu'il est impossible d'introduire dans la « maçonnerie un christianisme positif. La constitu- « tion des grandes loges déclare que la franc-maçon- « nerie ne se propose que de pratiquer les vertus « sociales. »

Maurice Müller, ancien référendaire à la chambre de justice de Berlin, et membre d'une loge, a pu dire dans son ouvrage de *la Réforme religieuse :*

« Un paganisme véritable est plus près de nous « qu'un christianisme étroit. Nous avouons que la « franc-maçonnerie a exercé une influence salutaire « sur la négation du christianisme. »

Terminons la série des blasphèmes contre le christianisme par ces paroles, que nous lisons dans le mémoire du jubilé maçonnique de 1833 :

« La domination naquit avec l'esclavage. Les mé- « chants tinrent conseil et dirent : Notre royaume « devrait-il s'écrouler ? Ils cherchèrent les foudres, et « jetèrent au milieu du champ de bataille *un objet* « *divin pour en faire l'instrument de leur perversité.* « Quel était cet objet divin ? Je n'ose prononcer le « mot qui est une horrible magie, qui, en peu de syl- « labes, signifie le comble de l'horreur : *assassinat,* « *assassin, assassiné !*

« *C'est le christianisme.* Mais des hommes au cœur « noble et généreux formèrent une alliance qui assura « le triomphe ; elle s'appelle *franc-maçonnerie.* »

Oui, les pharisiens ont assassiné le Christ, qui de sa voix flétrissait leurs crimes. Les francs-maçons, leurs descendants et successeurs, veulent anéantir sa sublime doctrine, qui flétrit les leurs.

Loi sur l'éducation civique et morale. La laïcisation, la neutralité et la gratuité de l'école.

Dans les citations qui précèdent, le but de la franc-maçonnerie est nettement avoué et mis à nu. Il y a là une franchise cynique qui effraye, et pourtant il faut l'envisager froidement. La loi sur l'éducation et l'école, telle qu'elle est formulée ci-dessus, est un chef-d'œuvre d'astuce, de ruse et d'hypocrisie, sortie de l'officine maçonnique et interprétée habilement par les manuels imposés, même par la force armée. Avant d'entreprendre la critique de ces livres cyniques, posons des questions de principes qui simplifieront notre tâche et montreront notre loyauté.

Nous avons un gouvernement démocratique. Tous les citoyens prennent part à la gestion des affaires de l'Etat. Nous l'avons déjà dit ailleurs, c'est le beau idéal. Mais prenons garde, le gouvernement démocratique, a dit Rousseau, l'auteur du *Contrat social*, l'homme qui a le plus contribué à l'introduction de ce régime en France, n'a jamais existé *et n'existera jamais.* Tout gouvernement est un ordre; le démocratique, plus qu'un autre, doit s'appuyer sur les mœurs. C'est la morale qui fait les mœurs. Or, la morale a sa base sur les commandements de Dieu. Le premier est celui-ci :

« Vous aimerez le Seigneur votre Dieu de tout votre « cœur, de tout votre esprit, de toutes vos forces. »

Voici le second, qui est semblable au premier :

« Vous aimerez votre prochain comme vous-même. « Il n'y a pas d'autres commandements que ceux-ci. »

« Laissez venir à moi, a dit ailleurs le Christ, les « petits enfants, car le royaume des cieux est pour « ceux qui leur ressemblent. »

Eh bien! ce sont ces petits êtres en germe que vous venez corrompre. Vous avez chassé Dieu de l'école, vous les avez privés de leur plus ferme soutien. *Honte à vous !!!*

Passons à vos autres méfaits dans l'ordre suivi dans vos manuels.

Education civique et morale.

« L'enseignement civique et moral ! Je joins les « deux mots avec intention, dit M. Compayré; j'en ai « le droit, puisque nous parlons de l'éducation dans « une démocratie, et parce qu'il n'y a pas une forme « de gouvernement qui les unisse aussi nettement. « Car seule la démocratie repose sur l'une des bases « les plus solides de la morale elle-même, c'est-à-dire « sur l'idée de justice. »

On joint ainsi l'enseignement civique et l'enseignement moral, parce que nous sommes en république, et que la république a les mêmes bases que la morale.

C'est tant pis pour la morale.

La famille.

« Réjouissez-vous, mes enfants, dit le *Manuel*, d'a- « voir un bon père, une bonne mère qui vous aiment, « mais réjouissez-vous aussi d'être nés en un temps « où le père et la mère sont pour les enfants des pro- « tecteurs, des amis, non des maîtres et des tyrans « (suivre au *Manuel*). La révolution vous a valu ces « bienfaits. »

Mme de Maintenon ne fut embrassée que deux fois par sa mère, et encore *seulement au front* et après une longue absence. Ceci doit nous faire supposer, témérairement peut-être, que les lettres si pleines de tendresse et de sentiments chrétiens que Mme de Sévigné écrivait à sa fille sous le règne du despote Louis XIV, sont apocryphes. Et le célèbre Montaigne — un bon ami pourtant des libres penseurs — écrivait : « J'ai « perdu *deux* ou *trois* enfants en nourrice, il ne savait « plus au juste les enfants qu'il avait eu le malheur « de perdre. »

Le *Manuel* ne nous dit pas *comment Rousseau, le chef de la démocratie, a traité les siens.*

On conseille aux enfants *de tutoyer* père et mère ; c'est plus affectueux, plus égalitaire ; souhaitons que ce soit plus respectueux. Un jour, nous avons entendu un fils faisant des reproches à son père, avec tutoiement accompagné d'épithètes nous faisant mal augurer de cette innovation généralement acceptée.

« Autrefois la femme était inférieure à l'homme. « On allait jusqu'à se demander si la femme avait une « âme. » La libre-pensée a dépossédé l'homme de la science. Partant, ils sont égaux.

Selon la méthode de la révolution, vous avez parlé à l'enfant de ses droits avant de lui parler de ses devoirs ; il s'en rappellera à l'occasion. Vous pouvez donner des leçons de morale irréprochable, mais votre édifice pèche par la base.

« Que l'enfant qui ne se sent pas porté à aimer ses « parents, dites-vous, ne se décourage pas ; qu'il réflé- « chisse à ce qu'il leur doit. » Allons, réfléchis, mon ami.

« Toute désobéissance, petite ou grande, est suivie « tôt ou tard de son châtiment. » Est-ce bien sûr ?

viendra-t-il de Dieu? M. Schœlcher, en plein sénat, disait qu'il ne fallait pas blesser les scrupules très respectables des enfants athées.

De plus fort en plus fort : « Il y a une autre raison « qui rend l'obéissance obligatoire, c'est que la vo- « lonté de vos parents représente la loi morale et la « loi civile, auxquelles il faudra toujours obéir. » Point d. désobéissance permise. « L'enfant appartient à « l'Etat, » a dit Danton.

L'Eoole.

« Tout est en progrès dans l'école : elle est plus « spacieuse, mieux aérée; la discipline y est plus « douce et l'instituteur plus instruit; on ne vous en- « seigne que des choses utiles et nécessaires, etc. « (suit l'énumération). » Il n'est pas question de religion, de catéchisme, d'histoire sainte, choses jugées inutiles.

La Société en général.

L'*Eglise catholique*, nous l'avons suffisamment démontré ailleurs, ne condamne aucun régime politique. Soyez monarchie, oligarchie ou démocratie, elle vous laisse gouverner à votre guise; elle respecte les droits de l'homme, lui demandant seulement de respecter les droits de Dieu. Mais si la religion n'a pas de parti pris contre la république, il n'en est pas de même chez Messieurs de l'instruction civique et morale. « Il est « certainement plus intéressant et plus utile (pour le « jeune citoyen), de savoir comment s'est formé le vil- « lage ou la ville que de connaître l'histoire de la créa- « tion du monde; il importe bien davantage de con- « naître les attributions du maire de la commune que « de savoir s'il y a eu des juges dans les tribunaux « d'Isrël. »

La pauvre histoire! Et pourtant nous ne donnons ici qu'un écho affaibli mais fidèle des plus brillantes tirades de MM. Ferry, Paul Bert et consorts. L'histoire sainte est le complément du catéchisme. « Le « christianisme est aussi ancien que le monde, dit le « Père Joseph Burnichon, dont nous empruntons sou- « vent l'opinion en matière d'éducation; son histoire

« se compose de deux chapitres. L'un s'appelle l'*An-*
« *cien Testament*, et l'autre le *Nouveau Testament*.
« Voilà pourquoi nous ne pouvons pas laisser sans
« protestation les insinuations railleuses à l'adresse
« de l'histoire sainte, et voilà pourquoi aussi nous
« avons le droit de repousser et de flétrir ces manuels
« au nom de la loi elle-même et de ses interprètes au-
« torisés. Le conseil supérieur de l'intruction publi-
« que a déclaré que : *en vertu même du principe de la*
« *neutralité*, le maître devait éviter, *comme une action*
« *mauvaise*, tout ce qui, dans son langage et son atti-
« tude, blesserait les croyances religieuses des enfants
« confiés à ses soins. En raillant l'histoire sainte, vous
« offensez les croyances religieuses des enfants catho-
« liques, juifs, protestants, confiés à vos soins. Vous
« avez donc fait une mauvaise action, Monsieur le
« professeur.

« Terminons ce chapitre par une première leçon
« d'histoire ecclésiastique donnée au jeune citoyen.
« Gibbon qui était un Anglais et un protestant, a dit :
« Les évêques ont fait la France comme les abeilles
« font leur ruche.

« D'après les manuels, les évêques ont seulement
« fait cause commune avec les seigneurs féodaux
« pour imposer aux manants et aux vilains *un joug*
« *arbitraire et violent*.

La patrie.

L'amour de la patrie, dit-on, d'après M. Vitet, n'est pas enseigné en France. C'est peut-être une de ces choses que l'on étudie le plus et que l'on sait le moins. Le bon moyen d'enseigner à tous les Français, petits et grands, à aimer la France serait, à notre avis, d'amener d'abord la concorde et l'union entre ses enfants, de lui donner la paix et la prospérité au dedans, et de lui assurer au dehors l'honneur et le respect. Ceci est affaire au gouvernement de la république, et non pas aux magisters de village. « Dieu « prend soin du monde; c'est à nous à prendre soin « de la patrie, » dit le manuel. Les hommes ne sont pas d'accord sur le rôle que Dieu remplit dans le monde. Les religions elles-mêmes sont en désunion sur ce point. Vous pouvez croire ce que vous voudrez.

A l'école nous ne nous occupons pas de religion; mais la patrie, c'est autre chose.

« La patrie, c'est la Picardie pour les habitants de « la Provence; c'est la Bretagne pour les montagnards « du Jura, la patrie c'est l'azur de votre ciel, c'est... « tous vos concitoyens, petits et grands. » « La patrie, « c'est la nation que vous devez aimer, honorer et « servir de toutes les forces de vos bras, de toute « l'énergie et de tout l'amour de vos âmes. » Manuel C. Voilà ce qu'est la patrie. C'est Michelet, un bien grand homme, mes enfants, qui l'a dit.

Eh bien! la patrie, Dieu n'a rien à y voir. Dieu a assez à faire avec le monde. C'est à nous d'y pourvoir. Chacun chez soi. A Dieu le monde; au citoyen la patrie. Que Dieu fasse ses affaires; à nous les nôtres. Qu'il nous donne du soleil et de la pluie; le reste nous regarde.

Le journal *le Siècle* résumait ainsi cette théorie :

« Dieu n'a rien à voir dans les affaires temporelles « des nations. » Il n'y a rien au-dessus de la volonté nationale. S'il lui plaît de décréter, à la majorité des voix, l'*ordre de spolier, de piller, de tuer*, ces actes n'auront rien de répréhensible. Or, si les citoyens assemblés sont absolument indépendants de Dieu, pourquoi les citoyens pris isolément ne bénéficieraient-ils pas de la même indépendance? Dieu, qui n'a rien à voir au forum, n'a aucune autorité dans la maison. Eh quoi! le citoyen est libre, et l'homme serait esclave! De l'athéisme d'Etat on verse fatalement dans l'athéisme individuel.

L'enseignement neutre, l'enseignement sans religion est une chimère. La patrie sans autel peut être la patrie du citoyen; ce n'est pas la patrie de l'homme.

Droits civils.

L'*égalité civile* expliquée à l'école aura pour conclusion pratique l'insolence. Au sortir de la leçon où on lui aura rappelé que : « les hommes naissent et de- « meurent égaux en droit; que « l'égalité » est le prin- « cipe de la société, telle que l'a faite la révolution; « qu' « avant la révolution, l'inégalité régnait dans la « société, comme elle régnait dans la famille »; qu'il y « avait des nobles et des roturiers, les uns exempts de « toutes charges et jouissant de tous les privilèges, les

« autres soumis à toutes les vexations, payant tous les « impôts, travaillant toute leur vie « pour n'arriver à « rien », mais qu'enfin, « grâce à la révolution fran« çaise, toutes les inégalités de convention ont dis« paru », soyez sûr que le jeune citoyen en aura compris juste assez pour se croire sérieusement l'égal de n'importe qui, voire même du président de la république. Le respect, la déférence, la politesse la plus élémentaire lui paraîtront incompatibles avec sa dignité. *Et si vous voulez vous en convaincre, allez voir à la sortie des écoles laïques les enfants des grandes villes.* Ce qui gêne et contrarie les enfants est une oppression. La liberté est une belle chose ; mais malheur aux familles où les enfants sont initiés si *jeunes au culte de cette séduisante déesse.*

Liberté de conscience.

La conscience doit être esclave du bien, du juste et de l'honnête ; elle est assujettie à la loi du devoir, comme la raison à la loi inflexible et nécessaire du vrai. La vouloir libre, indépendante, c'est demander son suicide. La liberté de conscience se traduit par la liberté de la passion. On peut tolérer l'erreur, mais non l'autoriser. Le droit est un pouvoir moral ; le droit ne va pas toujours aussi loin que le devoir. Une fille peut se prostituer ; elle n'en a pas le droit. La femme peut commettre un adultère, mais elle n'en a pas le droit. Je puis penser de travers, mais je n'en ai pas le droit.

Dans cet ordre d'idées, nous, catholiques, quelles libertés demandons-nous ?

La liberté de prier quand et comme il nous plaît.

La liberté de nous dévouer au service du prochain, et en particulier de l'enfance.

La liberté pour nos sœurs de charité de prodiguer leurs soins dévoués aux malades, aux vieillards, aux infirmes, aux enfants abandonnés par la misère et trop souvent par le vice.

La liberté de faire nos processions si édifiantes, et que l'on a supprimées au bénéfice de réunions ou attroupements où le burlesque le dispute souvent au dévergondage.

Il n'y avait pas, dit-on, de liberté de conscience sous l'ancien régime ; pour arriver aux charges publiques

« on était obligé d'être d'une certaine religion ». Aujourd'hui, que demandons-nous?

La liberté pour les fonctionnaires de l'Etat, du ministre au garde champêtre, de pouvoir, sans être menacé de révocation, pratiquer la religion catholique, de la faire enseigner à leurs enfants, et de ne pas donner de préférences marquées pour l'irréligieux, aux dépens de celui qui est capable.

La liberté d'enseignement pour ces hommes dévoués qui font vœu de pauvreté, de chasteté et d'obéissance, pour se livrer plus librement à l'éducation de la jeunesse.

La liberté que nous réclamons surtout, nous pères de famille, liberté qui nous est indignement enlevée, c'est de faire élever nos enfants dans les principes religieux. Ce droit, nous le tenons du nouveau droit français, codifié après 1789. Nous pensons qu'une nouvelle loi sur cette matière n'était pas nécessaire, disons plutôt qu'elle est contraire à l'esprit public. Nous n'avons pas l'intention de chicaner les partisans de la révolution sur l'admiration que leur inspire l'état social créé par elle, ni de les troubler dans la douce quiétude que leur procurent les places et les honneurs dont elle est pour eux si prodigue. Nous leur rappelons que nos lois imposent aux pères de famille l'obligation de fournir des aliments à leurs enfants jusqu'à leur majorité, ou tout au moins jusqu'à leur émancipation. Elles imposent au père de famille et, à son défaut, à la mère l'obligation d'élever leurs enfants, de les faire instruire, avec le droit de décider du genre d'éducation et du choix du maître. Si l'inconduite de la femme est notoire, elle perd l'éducation de ses enfants. Le père et la mère sont responsables des dommages causés par leurs enfants mineurs non émancipés habitant avec eux; mais, comme moyen préventif, la loi accorde au père et à la mère le droit de correction sur leurs enfants.

Mais, à côté des droits qu'elle leur concède, la loi les astreint à des devoirs de morale, de conduite réglée, de bons exemples. La cour de cassation, chargée de réformer les jugements qui ont violé ou faussement appliqué la loi, a décidé, par deux arrêts, des 19 mars 1821, affaire Saignol, et 29 mars 1827, affaire Pastel, que le père est responsable, s'il y a des reproches personnels à lui faire sur la manière dent il élève son enfant, sur les mauvais exemples qu'il lui donne et qui pourraient être la cause de la mauvaise action commise par son enfant. L'Etat s'étant chargé de l'éducation de l'enfant, c'est l'Etat et non le père de famille qui devient responsable du manque d'éducation, et comme cette responsabilité tend à prendre de grandes proportions, c'est aux législateurs à faire cesser cette anomalie. Tous les jours les revues, les journaux, les comptes rendus des journaux judiciaires nous signalent des vols, des escroqueries et même des crimes commis par des enfants au-dessous de 18 ans, et dont la responsabilité incombe aux éducateurs de la jeunesse. Puissent-ils enfin comprendre que Dieu doit présider à l'école, et non être relégué par delà la lune et les étoiles.

Nous admettons l'instituteur laïque ou membre d'une association religieuse reconnue, en se conformant au vœu des administrations municipales, les écoles séparées pour les enfants appartenant à chacun des cultes reconnus et professés publiquement, et enfin la gratuité pour les enfants dont les familles sont hors d'état de payer.

Droits politiques.

Dans le livre de M. Compayré la morale tient le milieu entre la vie civile et la vie politique. Pourquoi ce mur de séparation? Que l'on enseigne aux enfants de l'école le fonctionnement des institutions du pays, il n'y a aucun mal. Seulement les petits citoyens ne comprendront guère.

La cour d'assises, le droit de grâce dont on abuse, la suppression de la peine de mort; « la société n'a pas à faire expier les crimes commis, cela regarde Dieu », dit le manuel. « Dieu était bien loin » pour faire expier aux seigneurs leurs violences contre les paysans. Est-il plus près aujourd'hui? Questions et propositions par trop ardues pour les enfants.

Dieu veuille, messieurs les professeurs, que vos élèves ne vous *comprennent pas trop*.

Le suffrage universel.

« Autrefois, mes enfants », le roi était seul maître. Louis XIV osait dire : « l'État c'est moi ». Aujourd'hui l'Etat c'est tout le monde. Le souverain, c'est vous, c'est moi, c'est tout le monde. « Par le suffrage uni-« versel, nous choisissons les hommes auxquels nous « déléguons notre autorité. » La république est le seul gouvernement compatible avec la souveraineté du peuple ; l'amour de la république est l'alpha et l'oméga de l'enseignement des manuels. On dit qu'ils ne s'occupent pas de politique. On veut faire des républicains, on devrait faire des hommes. Les travailleurs peuvent s'enquérir de leurs affaires ; si leurs mandataires ne vont pas droit, vite aux urnes.

M. Floquet disait à la Chambre des députés : « La « politique aujourd'hui consiste à remuer les profon-« des couches du suffrage universel. » En bon français le pouvoir appartient à l'exploiteur. Adressez-vous aux passions, à l'orgueil, à la jalousie, à la cupidité, au libertinage, à l'ivrognerie ; *vous battrez l'homme de bon sens et d'honneur*. Celui qui veut vaincre doit s'alléger de sa conscience. Le peuple français, qui se croit le plus spirituel de la terre, se laisse *conduire par quelques centaines de journalistes* à la solde de ceux qui ont de l'argent ou du pouvoir ou de tous deux à la fois; ils se disent les serviteurs du peuple : Nous voulons faire ceci, cela. Dites-nous de le faire. La tyrannie et les iniquités les plus révoltantes peuvent ainsi s'exercer et se commettre. Et vive la République!

Le mariage civil.

« Quand le maire les a déclarés unis (l'homme et « la femme) au nom de la loi et de la société, les deux « conjoints sont bel et bien mariés. La cérémonie « religieuse n'ajoute plus de force à un acte qui est dé-« finitif. »

Le conseil supérieur de l'instruction se permet pourtant cette recommandation : Le maître devra éviter comme une mauvaise action tout ce qui serait de nature à blesser les croyances des enfants confiés à ses soins. C'est le pavillon qui couvre la marchandise.

La morale.

La morale occupe une large place dans les manuels; c'est par la morale ou plutôt par l'immoralité enseignée que la libre-pensée espère déchristianiser le pays.

Ecoutez M. Sarcey, un écrivain qui s'y entend et qu'on ne soupçonnera pas de s'alarmer sur les intérêts religieux. L'aveu peut être naïf, mais précieux à retenir :

« Il faut tenir strictement à la neutralité de l'école « dans l'enseignement primaire. Pourquoi ? Parce « que là on agit sur la foi même. Ce n'est pas qu'on « la combatte directement, puisque l'essence de la « neutralité est, au contraire, de s'abstenir de toute « attaque. Mais on habitue les esprits à s'en passer, « on les dresse à comprendre que l'on peut être un « honnête homme et un bon citoyen en dehors de « tout enseignement de religion révélée. » C'est l'essentiel. Extrait du journal *le XIX*e *Siècle.*

Cela est clair, n'est-ce pas ? On connaît bien là *l'infernale besogne de la franc-maçonnerie.* C'est le loup entré dans la bergerie : il a emprunté la toison et le bêlement de l'agneau. On peut lire sur son chapeau ·

« C'est moi qui suis Guillot, berger de ce troupeau.»

Le divorce de la religion et de la morale est prononcé par une loi athée. Nous n'avons pas à discuter.

Finissons par cette belle tirade : *c'est le bouquet.*

« Si jamais, s'écrie M. Compayré, s'adressant toujours à de petits citoyens âgés de moins de treize ans, « si jamais il vous arrivait d'être aveuglés par la « passion au point de ne plus reconnaître ce que les « prescriptions du devoir ont de respectable et de « sacré pour tout homme qui a le sentiment de sa « dignité personnelle, représentez-vous, par-delà le « devoir, l'existence de l'être suprême dont la volonté « rend le devoir obligatoire pour tous !!!

« Quand nous aurons une génération d'hommes, « quels que soient leur rang et leur position dans la so- « ciété, nourris de ce pathos philosophique, élevés « dans la crainte de Dieu entendue de cette manière, « qui n'auront à opposer à leurs appétits que le sou- « venir de cet être suprême qui habite par-delà le « devoir et par-delà la lune et les étoiles (où, soit dit « par parenthèse, vous l'avez déporté), les honnêtes « gens feront bien de ne pas s'endormir sans un revol- « ver à leur portée. » (Père J. Burnichon.)

Que pèseront dans la balance du libre arbitre humain vos notions transcendantes de conscience, de devoir, de respect de la dignité humaine, quand vous mettrez dans l'autre plateau les passions, la cupidité, la volupté ?

« La pudeur, disait saint Paul aux Ephésiens (chapi-
« tre 5), ne permet pas seulement de dire ce que ces
« personnes font en secret. »

Montesquieu a dit que le régime républicain repose, il aurait dû dire, doit reposer sur la vertu : vertueux Marat, Danton, Robespierre ! vertueux... n'attaquons pas les vivants... Oh ! pour lors, de la vertu délivrez-nous, Seigneur !

Rousseau, anticlérical pourtant, a dit que jamais philosophe n'a changé seulement les mœurs de la rue qu'il habitait.

Et c'est sans religion que vous sauvegarderez les mœurs de nos enfants des villes et des campagnes!

Vous avez bâti dans le vide, votre monument s'écroulera dans le chaos.

Conclusion.

« Le jour où la révolution en arriverait à la persé-
« cution sanglante, elle trouvera dans les écoles sans
« Dieu des bourreaux pour le prêtre. *Le jour n'est*
« *peut-être pas loin* où les bataillons scolaires pren-
« dront la place d'honneur dans les expéditions contre
« les églises et les couvents. Ce jour-là la France aurait
« horreur des inventeurs de l'instruction civique et
« morale. Elle les maudirait. »

Lyon. — Imprimerie Vitte et Perrussel, rue Condé, 30

www.ingramcontent.com/pod-product-compliance
Lightning Source LLC
LaVergne TN
LVHW020345230826
846091LV00003B/1004

9782012850163